"十四五"职业教育国家规划教材

高职高专财务会计类专业精品教材

成本核算与管理
知识点练习与全真实操

（第二版）

于海琳　主　编

祁金祥　王　娟　副主编

清华大学出版社

北京

内 容 简 介

本书是"十四五"职业教育国家规划教材,是浙江省精品在线开放课程及浙江省第一批省级课程思政示范立项课程"成本会计实务"配套教材,是浙江省普通高校"十三五"新形态教材,同时是中国大学慕课"成本会计实务"课程配套教材。读者可通过扫描二维码学习相关知识,也可登录中国大学慕课平台系统学习"成本会计实务"课程。

本书以立德树人为根本,以成本核算与管理知识为切入点,有机融入课程思政元素。读者通过本书知识点同步练习,在熟练掌握成本核算理论的基础上,通过全真实操来提升综合成本业务核算能力。

本书不仅可作为高职高专院校成本会计课程实践环节的教学用书,还可作为会计职称考试、注册会计师考试、管理会计师考试过程中成本会计部分相关知识的复习用书,以及成本会计岗位工作人员、企业管理人员工作中的辅助用书。

图书在版编目(CIP)数据

成本核算与管理知识点练习与全真实操/于海琳主编. —2版. —北京:清华大学出版社,2020.7
(2024.8重印)

高职高专财务会计类专业精品教材

ISBN 978-7-302-54249-0

Ⅰ. ①成… Ⅱ. ①于… Ⅲ. ①成本计算-高等职业教育-教学参考资料 Ⅳ. ①F231.2

中国版本图书馆CIP数据核字(2019)第258135号

责任编辑:左卫霞
封面设计:傅瑞学
责任校对:刘 静
责任印制:杨 艳

出版发行:清华大学出版社
   网 址:https://www.tup.com.cn,https://www.wqxuetang.com
   地 址:北京清华大学学研大厦A座   邮 编:100084
   社 总 机:010-83470000   邮 购:010-62786544
   投稿与读者服务:010-62776969,c-service@tup.tsinghua.edu.cn
   质量反馈:010-62772015,zhiliang@tup.tsinghua.edu.cn
   课件下载:https://www.tup.com.cn,010-83470410
印 装 者:三河市天利华印刷装订有限公司
经 销:全国新华书店
开 本:185mm×260mm 印 张:15   字 数:242千字
版 次:2013年11月第1版 2020年7月第2版 印 次:2024年8月第8次印刷
定 价:48.00元

产品编号:086552-03

前言 Preface

本教材是"十四五"职业教育国家规划教材，是浙江省精品在线开放课程及浙江省第一批省级课程思政示范立项课程"成本会计实务"配套教材，是浙江省普通高校"十三五"新形态教材。

本教材全面贯彻党的二十大新时代中国特色社会主义思想，以新会计准则、新税法及新产品成本核算制度为依据，在保留第一版教材注重实践性特点的基础上，本版教材更加凸显信息化时代特征。修订后的教材具有以下特点。

1. 注重服务中国式现代化建设

教材知识的选取与时俱进，紧跟中国经济高质量发展步伐，通过本教材的学习，学生可以系统掌握符合新时代经济高质量发展要求的成本核算与管理知识。

2. 特别融入了课程思政元素

增添的课程思政元素，强化了社会主义核心价值观的引领作用，同时助力教师顺利开展课程思政教学。

3. 注重与教学进度和认知规律同步

增添了知识点教学的同步练习内容，达到使学习者熟练掌握成本核算和管理的基础理论与提升综合成本核算能力一本通的目标。

4. 突出信息化辅助教学手段

作为新形态教材，读者可以通过扫描书中二维码学习，也可以登录中国大学慕课平台系统学习"成本会计实务"课程，扫下页下方二维码，也可登录该课程。

5. 教材适用具有广泛性

本教材兼顾了会计职称考试、注册会计师考试及管理会计师有关成本会计部分的考核要求，既可作为职业类高校、成人高校会计专业和经济管理类专业成本会计课程的同步实训教学用书，也可作为读者在准备会计职称考试和注册会计师考试过程中的复习用书、初学者的学习用书，以及成本会计岗位工作人员、企业管理人员工作中的参考用书。

本教材分"知识点同步练习"和"全真业务实操"两大部分。第一部分包含产品成本核算方法、成本报表的编制与分析、现代成本管理制度三个模块共 13 个实训项目；第二部分包含综合核算业务、分批法核算业务、分类法核算业务，建立在对企业成本会计岗位工作内容调研的基础上，按照企业实际生产流程和成本核算步骤精心设计，学习者在真实的情境中进行成本核算，达到提升综合成本核算能力的目标。

本书由浙江商业职业技术学院于海琳教授、注册会计师、高级会计师担任主编，南通科技职业学院祁金祥副教授、高级经济师、江苏工程职业技术学院王娟担任副主编。具体编写分工如下：知识点同步练习部分的基础知识归纳及实训项目二、三、五至十三的实训项目设计和全真业务实操部分由于海琳编写，知识点同步练习部分实训项目一的实训项目设计由祁金祥编写，知识点同步练习部分实训项目四的实训项目设计由王娟编写。本书聘请浙江省会计领军人才、高级会计师卞现红为企业专家。于海琳负责全书的修改、补充和最后的通稿。

本书在撰写和修订过程中，得到了清华大学出版社的大力支持和帮助，也得到了很多企业和行业专家的热情指导，同时参考了有关专家、学者编写的教材，从中得到了很多的帮助，在此表示衷心的感谢！

由于编者水平有限，书中如有疏漏和不当之处，敬请读者批评、指正，以便今后的修订与完善。

编　者

2022 年 12 月

成本核算与管理
在线开放课程

目录 Contents

第一部分　知识点同步练习

第二部分 全真业务实操

第一部分

知识点同步练习

产品成本核算方法

实训项目一 材料费用的核算

材料费用的分配

一、基础知识归纳

（一）直接材料费用的内容

直接材料费用是指在生产过程中为制造产品而耗用的、构成产品实体或有助于产品形成的各种材料消耗的费用。直接材料费用包括：产品制造过程中耗用的各种原料、主要材料、辅助材料、外购零部件、自制半成品、修理用备件、燃料、低值易耗品和包装物等。

（二）直接材料费用的归集

1. 编制"发出材料汇总表"

根据"领料单"编制"发出材料汇总表"。

2. 材料发出的计价

1）实际成本计价

实际成本计价即按材料的外购成本或自制成本计价，发出材料的方法有：先进先出法、加权平均法和个别计价法。实际成本计价适用于材料品种少、每月收料次数不多的企业。

2）计划成本计价

计划成本计价是指平时先按预先制订的计划单位成本计价，月末计算材料成本差异率，以确定发出材料应分担的成本差异，将发出材料的计划成本调整为实际成本的一种方法。计算过程：

$$本月材料成本差异率 = \frac{月初结存材料的成本差异 + 本月收入材料的成本差异}{月初结存材料的计划成本 + 本月收入材料的计划成本}$$

$$本月发出材料应负担的成本差异 = 本月发出材料的计划成本 \times 本月材料成本差异率$$

$$= 本月发出材料的计划成本 + 本月发出材料应负担的成本差异$$

提示：材料成本差异计算结果若为正数，表示的是超支差；若为负数，表示的是节约差。

（三）直接材料费用的分配

1. 确定原材料费用的分配对象（按用途、部门和受益对象分配）

（1）用于基本车间产品生产的记入"生产成本——基本生产成本"账户（具体产品负担的）。

（2）用于辅助生产的记入"生产成本——辅助生产成本"账户（辅助产品或劳务负担的）。

（3）用于维护设备一般耗用的先归集到"制造费用"账户，再分配到"生产成本——基本生产成本"账户或"生产成本——辅助生产成本"账户。

（4）用于行政部门的计入管理费用；用于销售部门的计入销售费用。

（5）用于购置和建造固定资产、其他资产方面的材料费用，则不得列入产品成本，也不得列入期间费用。

2. 直接材料费用分配的方法

（1）能够明确哪种产品耗用的直接计入该种产品成本。

（2）几种产品共同耗用的采用适当的方法分配。分配方法有定额消耗量比例法和定额成本比例法。

① 定额消耗量比例法，即以原材料定额消耗量为分配标准进行原材料费用分配的方法。

某种产品原材料定额耗用量＝该种产品实际产量 × 单位产品材料消耗定额

$$共同耗用分配率＝\frac{共同耗用材料总额}{各种产品材料定额消耗量之和}$$

某产品应分配的原材料费用＝该产品材料定额消耗量 × 共同耗用分配率

② 定额成本比例法，即以原材料定额成本为分配标准进行原材料费用分配的方法。

某种产品材料定额成本＝该种产品实际产量 × 单位产品材料消耗定额 × 材料计划单价

$$共同耗用原材料费用分配率＝\frac{所耗材料实际费用}{各种产品材料定额成本之和}$$

某产品应分配的原材料费用＝该种产品材料定额成本 × 共同耗用原材料费用分配率

二、实训项目设计

（一）能力目标

通过本项目实训，能够熟练掌握产品原材料费用归集和分配的基本原理，达到提升实践操作能力的目标。

（二）思政目标

增强资源节约意识。

（三）任务描述

根据资料，按照定额消耗量比例法、定额成本比例法的基本原理，独立进行材料费用的归集和分配。

（四）项目训练

1. 定额消耗量比例法实训

资料：某企业 2×19 年 7 月生产甲、乙两种产品，甲产品为 500 件，单件产品 C 材料消耗定额为 10 千克；乙产品的实际产量为 600 件，单件产品 C 材料消耗定额为 5 千克。原材料领用汇总表如表 1-1 所示。

表 1-1　　　　　　　　　　　原材料领用汇总表

2×19 年 7 月 31 日　　　　　　　　　金额单位：元

领料部门	用　途	材料品种	数量／吨	单　价	金　额
基本生产车间	甲产品直接耗用	A 材料	8	30 000	240 000
	乙产品直接耗用	B 材料	10	3 000	30 000
	甲、乙产品共同耗用	C 材料	10	2 400	24 000
	一般耗用	D 材料	20	600	12 000
辅助生产车间		A 材料	1.2	30 000	36 000
合　计					342 000

要求：分配材料费用并运用定额消耗量比例法分配计算甲、乙产品共同耗用的原材料费用。

 实训成果

（1）运用定额消耗量比例法计算甲、乙产品共同耗用的 C 原材料费用。

_____

_____

（2）编制材料费用分配汇总表，如表 1-2 所示。

表 1-2　　　　　　　　　　材料费用分配汇总表

2×19 年 7 月　　　　　　　　　　金额单位：元

项　　目		直接计入材料	分配计入材料			合　计
			分配标准／千克	分配率	分配金额	
基本生产车间	甲产品					
	乙产品					
	小计					
	一般耗用					
辅助生产车间						
合　计						

（3）编制本月分配材料费用的会计分录。

2. 定额成本比例法实训

资料：某企业 2×19 年 7 月生产丙、丁、戊三种产品，三种产品共同耗用 D 材料 27 000 元，其中丙产品为 400 件，单件产品费用定额为 7 元；丁产品的实际产量为 800 件，单件产品费用定额为 4 元；戊产品的实际产量为 600 件，单件产品费用定额为 5 元。原材料领用汇总表如表 1-3 所示。

表 1-3　　　　　　　　　　　　原材料领用汇总表

2×19 年 7 月 31 日　　　　　　　　　金额单位：元

领料部门	用　　途	材料品种	数量／吨	单　价	金　　额
基本生产车间	丙产品直接耗用	A 材料	8	30 000	240 000
	丁产品直接耗用	B 材料	10	3 000	30 000
	戊产品直接耗用	C 材料	12	2 000	24 000
	丙、丁、戊产品共同耗用	D 材料	10	2 700	27 000
	一般耗用	A 材料	0.5	30 000	15 000
销售部门		A 材料	1	30 000	30 000
合　　计					366 000

要求：分配材料费用并运用定额成本比例法分配计算丙、丁产品共同耗用的原材料费用。

 实训成果

（1）运用定额成本比例法分配计算丙、丁、戊产品共同耗用的 D 原材料费用。

（2）编制材料费用分配汇总表，如表 1-4 所示。

表 1-4　　　　　　　　　　　　材料费用分配汇总表

2×19 年 7 月　　　　　　　　　金额单位：元

项　　目		直接计入材料	分配计入材料			合　　计
			分配标准／元	分配率	分配金额	
基本生产车间	丙产品					
	丁产品					
	戊产品					
	小计					
	一般耗用					
销售部门						
合　　计						

（3）编制本月分配材料费用的会计分录。

_____

_____

_____

实训成绩：   年   月   日

实训项目二　职工薪酬的核算

一、基础知识归纳

（一）职工薪酬的内容

职工薪酬是指企业为获得职工提供的服务而给予各种形式的报酬以及其他相关支出。

职工薪酬包括：①职工工资、奖金、津贴和补贴；②职工福利费；③医疗保险费、养老保险费、失业保险费、工伤保险费和生育保险费等社会保险费；④住房公积金；⑤工会经费和职工教育经费；⑥非货币性福利；⑦因解除与职工的劳动关系给予的补偿；⑧其他与获得职工提供的服务相关的支出。

（二）职工个人薪酬的核算

工资制度一般分为"计时工资制"和"计件工资制"。

1. 计时工资的计算

1）扣缺勤法（月薪制）

应付计时工资＝月标准工资－缺勤天数 × 日工资率（每日平均工资）－
病假天数 × 日工资率 ×（1－病假工资发放率）

2）出勤法（日薪制）

应付计时工资＝出勤天数 × 日工资率＋病假天数 ×
日工资率 × 病假工资发放率

日工资率是职工每日应得平均工资，一般有以下两种计算方法。

（1）每月按 30 天计算日工资率。按全年平均每月日历天数 30 天计算为

$$日工资率＝\frac{月标准工资}{30}$$

按 30 天计算个人工作，法定节假日、厂休日照付工资，如缺勤时间跨越厂休日，视为缺勤，要扣工资。

（2）每月按 21.75 天计算日工资率。按全年平均每月法定工作天数 21.75 天计算为

$$日工资率＝\frac{月标准工资}{21.75}$$

按照《中华人民共和国劳动法》第五十一条的规定，法定节假日用人单位应当依

法支付工资，即折算日工资、小时工资时不剔除国家规定的 11 天法定节假日。据此，日工资、小时工资的折算为

$$日工资 = \frac{月工资收入}{月计薪天数}$$

$$小时工资 = \frac{月工资收入}{月计薪天数 \times 8 小时}$$

$$月计薪天数 = \frac{365 天 - 104 天}{12} = 21.75 天$$

按 21.75 天计算个人工作，厂休日不付工资，如缺勤时间跨越厂休日，不扣工资。

病假扣款率应按国家劳动保险条例规定，病假在 6 个月以内的应按工龄长短分别计算，其支付标准见表 2-1。

表 2-1 病假工资支付标准

工　　龄	小于 2 年	2～4 年	4～6 年	6～8 年	8 年以上
病假工资占本人标准工资的百分比 /%	60	70	80	90	100

职工因公受伤，在医疗期间内，其基本工资按 100% 发放。

2. 计件工资的计算

（1）个人计件工资的计算。

应付计件工资 = $\sum$ 月内每种产品的产量 × 该种产品的计价单价

或

应付计件工资 = $\sum$（月内每种产品的产量 × 该种产品的工时等额）×
该工人的小时工资率

提示： 计件工资制度下的每种产品的产量包括"合格品产量＋料废品产量（不是由于工人的过失造成的不合格品产量）"。

（2）集体计件工资的计算。其计算方法与个人计件工资相同，不同之处是：集体计件工资还要在集体内部各工人之间按照贡献大小进行分配。分配方法如下。

① 按计件工资或计时工资的比例分配。该方法适用于集体内部成员技术等级差别较大的情况。

② 按实际工作天数或实际工作时间的比例分配。该方法适用于集体内部成员技术等级差别不大的情况。

（三）职工薪酬费用的归集和分配

计入产品成本的职工薪酬应按成本项目归集：凡属生产车间直接从事产品生产人员的职工薪酬记入产品成本的"直接人工"项目；企业各生产车间为组织和管理生产所发生的管理人员的职工薪酬记入"制造费用"项目；企业行政管理人员的职工薪酬，作为期间费用列入"管理费用"科目。

提示： 职工薪酬的分配，要划清计入产品成本与期间费用和不计入产品成本与期

间费用的界限。例如，有些职工薪酬应计入固定资产或无形资产成本（即资本化，而非费用化）。

1. 直接从事产品生产人员的职工工资计入产品成本的方法

由于工资制度不同，生产工人工资计入产品成本的方法也不同。

（1）计时工资制度形式下分以下两种情况。

① 生产部门只生产一种产品，生产人员工资属于直接费用，可直接计入该种产品成本。

② 如果生产多种产品，这就要求采用一定的分配方法在各种产品之间进行分配，通常采用按产品实用工时比例分配的方法。其计算公式如下：

$$生产工资费用分配率 = \frac{各种产品生产工资总额}{各种产品实际生产工时之和}$$

某种产品应分配的工资费用 = 该种产品实际生产工时 × 生产工资费用分配率

提示：

① 如果取得各种产品实际生产工时的数据比较困难，而各种产品的单件工时定额比较准确，也可按产品定额工时比例分配职工薪酬。

② 按实用工时比例分配工资费用时，需要注意从工时上划清应计入与不应计入产品成本的工资费用界限。如生产工人为安装固定资产服务了，那么这部分生产工时应该划分出来，所分配的费用应计入固定资产的价值，不得计入产品成本。

③ 按照规定工资总额的一定比例从产品成本中计提的职工福利费、社会保险费、住房公积金、工会经费和职工教育经费可与工资费用一起分配。

（2）计件工资制度下，生产工人工资通常是根据产量凭证计算工资并直接计入产品成本。

2. 工资费用分配的账务处理

为了按工资的用途和发生地点归集并分配工资及计提的其他职工薪酬，月末应分生产部门根据工资结算单和有关的生产工时记录编制"工资费用分配表"，然后汇编"工资及其他职工薪酬分配汇总表"，根据"工资及其他职工薪酬分配汇总表"进行相应的账务处理。

借：生产成本——基本生产成本
　　　　　　——辅助生产成本
　　制造费用
　　管理费用
　　销售费用（等）
　　贷：应付职工薪酬——工资
　　　　　　　　——职工福利
　　　　　　　　——社会保险
　　　　　　　　——住房公积金
　　　　　　　　——工会经费
　　　　　　　　——职工教育经费（等）

提示：企业提取的职工福利费用主要用于职工医药费、医务经费、职工因工负伤赴外地就医路费、职工生活困难补助等。在实际发生这些费用时，应由计提的职工福利费开支，不应再计入成本、费用，以免重复核算。

二、实训项目设计

（一）能力目标

通过本项目实训，能够熟练掌握职工薪酬归集和分配的基本原理，达到提升实践操作能力的目标。

（二）思政目标

树立正确的人生价值观。

（三）任务描述

根据资料，练习职工薪酬计算方法，并按照生产工时比例法的基本原理，独立进行职工薪酬的归集和分配。

（四）项目训练

1. 计时工资实训

资料：某企业病假扣除率应按国家劳动保险条例规定计算，病假在6个月以内的工资应按工龄长短分别计算，其支付标准见表2-1。

职工因公受伤，在医疗期间内，按基本工资级别100%发放。大华公司某工人的月工资标准为4 500元。7月31天，病假3天（非因公受伤），事假4天，周末休假8天，出勤16天，根据该工人的工龄，其病假工资按工资标准的90%计算。该工人病事假期间没有节假日。

要求：根据资料，分别按月30天月薪制、月30天日薪制、月21.75天月薪制、月21.75天日薪制计算该工人本月应得工资（保留到小数点后第二位）。

 实训成果

按不同方式计算工人本月应得工资，如表2-2所示。

表2-2　　　　　　　　　　按不同方式计算工人本月应得工资　　　　　　　金额单位：元

项　　目	日工资率／（月工资标准／天数）	本月应得工资
按月30天月薪制		
按月30天日薪制		
按月21.75天月薪制		
按月21.75天日薪制		

2. 计件工资实训

1）个人计件工资的计算

资料：甲、乙两种产品都应由8级工人加工。甲产品单件工时定额为20分钟，乙产品单件工时定额为 40 分钟。8 级工人的小时工资率为 25 元。某 8 级工人加工甲产品 360 件、乙产品 150 件。

要求：根据资料，计算该工人本月应得工资。

 实训成果

按个人计件方式计算工人本月应得工资。

2）集体计件工资的计算

资料：集体计件工资在集体内部各工人之间进行分配，以每个人的工资标准和工作日数的乘积为分配标准进行分配。某生产小组集体完成某产品的生产，按一般计件工资的计算方法算出并取得集体工资 14 380 元。该小组由 3 名不同等级的工人组成，每个人的姓名、等级、日工资率和出勤天数见表 2-3。

表 2-3   职工出勤情况表

工人姓名	等级	日工资率／元	出勤天数／天
张红	6	25	24
王华	5	20	23
李明	4	18	21
合 计	—	—	68

 实训成果

按集体计件方式计算工人本月应得工资，如表 2-4 所示。

表 2-4   班组应付工资结算表   金额单位：元

工人姓名	日工资率	出勤天数	分配标准	分配率	分配额
张红					
王华					
李明					
合 计	—		—		

3. 生产工时比例法分配人工费用实训

资料一：某企业生产 101#、102# 两种产品，2×19 年 10 月共发生工资费用 74 500 元，其中生产工人工资 54 000 元，车间管理人员工资 6 500 元，行政管理人员工资 9 000 元，辅助生产车间工人工资 5 000 元。生产 101#、102# 两种产品的生产工时分别为 2 200 小时和 2 300 小时。

资料二：按当地政府的规定，该企业分别按职工工资总额的 10.5%、14%、0.5% 和 12% 计提医疗保险费、养老保险费、失业保险费和住房公积金，缴纳给当地的社会保险经办机构和住房公积金经办机构。另按工资总额的 2% 和 3% 分别计提了工会经费和职工教育经费。当月还向 101# 产品生产工人发放生活困难补助 3 000 元，向 102# 产品生产工人发放生活困难补助 2 000 元。

要求：按照生产工时比例法分配生产工人工资费用，编制"职工薪酬（工资）分配表"与"职工薪酬（职工福利费）分配表"，并作出会计分录。

 **实训成果**

（1）编制职工薪酬（工资）分配表，如表 2-5 所示。

表 2-5

职工薪酬（工资）分配表

2×19 年 10 月 31 日　　　　　　　　金额单位：元

应 借 账 户		生产工时 / 小时	分配率 /（元 / 小时）	应分配工资
生产成本——基本生产成本	101#			
	102#			
	小计			
生产成本——辅助生产成本				
制造费用	基本车间			
管理费用				
合　计				

（2）编制职工薪酬（职工福利费）分配表，如表 2-6 所示。

表 2-6

职工薪酬（职工福利费）分配表

2×19 年 10 月 31 日　　　　　　　　金额单位：元

应 借 账 户		工资费用	社会保险费	住房公积金	职工福利费	工会及教育经费	福利合计	职工薪酬合计
生产成本——基本生产成本	101#							
	102#							
	小计							
生产成本——辅助生产成本								
制造费用	基本车间							
管理费用								
合　计								

（3）编制本月分配职工薪酬的会计分录。

_____

_____

_____

_____

_____

实训成绩：　　　　　　　　　　　　　　　　　　　　　　　　　年　月　日

辅助生产费用的核算

一、基础知识归纳

（一）辅助生产部门的特点

辅助生产车间或部门是为基本生产和企业经营管理提供产品生产或劳务供应的，包括两种类型：①只生产一种产品或提供一种劳务，如供电、供水、供气、供风、运输等辅助生产部门；②生产多种产品或提供多种劳务，如从事工具、模具、修理用备件的制造，以及机器设备的修理等辅助生产。

（二）辅助生产费用的内容

辅助生产费用包括：①生产产品或提供劳务发生的各项费用，如直接材料、直接人工、制造费用等；②从其他辅助生产车间分配进来的费用。

（三）辅助生产费用的归集

不同的车间或部门按成本计算对象设置"生产成本——辅助生产成本"明细账，归集发生的辅助费用。

生产成本——辅助生产成本

归集发生的料、工、费	分配转出数
辅助生产的在产品成本	

提示：对于核算辅助生产成本时是否要设置"制造费用——辅助生产车间"账户，可由企业根据实际情况自定。如企业不设置"制造费用——辅助生产车间"账户，辅助车间发生的全部费用均记入"生产成本——辅助生产成本"明细账。

（四）辅助生产费用的分配

辅助生产费用的分配应通过辅助生产费用分配表进行。辅助生产费用的分配方法很多，通常采用直接分配法、交互分配法、顺序分配法、计划成本分配法和代数分配法等。

1. 直接分配法

概念：直接分配法是指将各辅助生产车间发生的各项费用，直接分配给辅助生产车间以外的各受益对象的方法。

特点：不考虑各辅助生产车间之间相互提供劳务或产品的情况，而是将各种辅助生产费用直接分配给辅助生产以外的各受益单位。

分配计算公式如下：

$$\frac{\text{某辅助车间的费用}}{\text{分配率（单位成本）}} = \frac{\text{某辅助车间辅助生产费用总额}}{\text{辅助生产的产品或劳务总量} - \text{为其他辅助车间提供的劳务量}}$$

$$\begin{array}{c}某受益车间、产品或各 \\ 部门应分配的费用\end{array} = \begin{array}{c}某辅助车间辅助生产 \\ 费用分配率\end{array} \times \begin{array}{c}某车间、产品或 \\ 部门的耗用量\end{array}$$

提示： 在计算费用分配率时，应剔除辅助生产单位相互提供的产品和劳务数量。

优点： 采用此方法，各辅助生产费用只进行对外分配，分配一次，计算简单。

缺点： 具有一定的假定性，即假定辅助生产车间之间相互提供产品或劳务，不分配费用，计算的结果不准确。

适用： 辅助生产内部相互提供产品和劳务不多的企业。

2. 交互分配法

概念： 交互分配法是指先将辅助生产车间的费用在辅助生产车间之间进行交互分配，再将辅助生产车间交互分配前的费用加上交互分配转入的费用减去交互分配转出的费用的数额分配给辅助生产车间以外的各受益对象的一种分配方法。

特点： 将辅助生产费用进行二次分配。考虑辅助生产车间与辅助生产车间之间相互提供产品或劳务的情况。"先交互分配，再对外分配。"

分配计算公式如下。

1）第一次分配（交互分配）

$$第一次分配率 = \frac{该辅助生产车间分配前直接发生的费用总额}{该辅助生产车间提供产品或劳务总量}$$

$$\begin{array}{c}某辅助生产部门应负担的 \\ 其他辅助生产部门的费用\end{array} = 某部门的辅助产品或劳务耗用量 \times 第一次分配率$$

2）第二次分配（对外分配）

待分配的费用 = 某辅助生产部门第一次分配前的费用总额 - 分配转出的费用 + 分配转入的费用

$$第二次分配率 = \frac{待分配的费用}{外部单位耗用劳务总量}$$

某受益单位应分摊的辅助生产费用 = 该部门受益数量 × 第二次分配率

优点： 分配结果较为客观、准确。

缺点： 计算工作量较大。

适用： 各辅助生产车间之间相互提供劳务较多的企业（但企业辅助生产部门较多则不宜采用此方法）。

3. 顺序分配法

概念： 顺序分配法是指将辅助生产车间之间的费用按受益多少的顺序排列，受益少的排列在前，先将费用分配出去；受益多的排列在后，后将费用分配出去的一种方法。

提示： 这里的受益多少是指受益金额多少，而不是指受益产品或劳务数量的多少。

特点： 按受益多少的顺序排列，由小到大，费用分配只向后面未分配的辅助车间分，后分配辅助车间的费用不向前面已经分配完的辅助车间分。

$$前面辅助车间的费用分配率 = \frac{该辅助车间生产费用总额}{该辅助车间本月生产的产品或劳务总量}$$

$$\text{后面辅助车间的费用分配率} = \frac{\text{该辅助车间费用总额} + \text{其他辅助车间分配转入费用}}{\text{该辅助车间本月生产的产品或劳务总量} - \text{为前面辅助车间提供的劳务量}}$$

优点：各辅助车间只分配一次辅助费用，计算比较简便。

缺点：计算结果不够准确。

适用：辅助生产车间较多、相互耗用劳务金额相差较大的企业。

4. 计划成本分配法

概念：计划成本分配法是指先按照辅助生产车间提供产品或劳务的计划单价和各受益对象的实际耗用量分配辅助生产费用，然后将辅助生产车间实际发生的费用与按计划分配转出的费用之间的差额再分配给辅助生产部门以外各受益单位负担的一种方法。计算过程如下。

1）先按计划成本分配

$$\text{某受益单位应分配的辅助费用（含辅助车间）} = \text{该受益单位受益数量} \times \text{计划单位成本}$$

2）分配成本差异

$$\text{成本差异} = \text{某辅助车间发生的费用} + \text{按计划成本分配转入的费用} - \text{按计划成本分配转出的费用}$$

提示：在实际工作中，为简化核算手续，成本差异可全部列为当月的管理费用。

优点：不用计算分配率，简化了核算的工作量。

缺点：如计划单位成本不准确，会影响分配结果的合理性。

适用：适用于计划成本资料完整并较为接近实际成本的企业。

5. 代数分配法

概念：代数分配法是将各辅助生产费用的分配率（或单位成本）设为未知数，根据辅助生产车间的交互服务关系建立联立方程式求解，再按各辅助生产车间为受益单位提供的劳务量分配辅助生产费用的一种方法。

优点：此方法有关费用的分配结果最正确。

缺点：如辅助生产车间较多，未知数也较多，计算工作比较复杂。

适用：已经实现电算化的企业。

二、实训项目设计

（一）能力目标

通过本项目实训，能够熟练掌握辅助生产费用归集和分配的基本原理，达到提升实践操作能力的目标。

（二）思政目标

增强全局意识。

（三）任务描述

根据资料，按照直接分配法、交互分配法、顺序分配法、计划成本分配法、代数分配法的基本原理独立进行辅助生产费用的归集和分配。

（四）项目训练

1. 直接分配法实训

资料：某企业有供电和供水两个辅助生产车间，供电车间的成本按供电度数比例分配，供水车间的成本按供水吨数比例分配。该企业 2×19 年 3 月有关辅助生产成本资料如下：供电车间本月共发生成本 30 000 元，提供电力 25 000 度；供水车间本月共发生成本 13 000 元，提供劳务 52 000 吨。两个辅助生产车间提供劳务及企业各单位受益情况如表 3-1 所示。

表 3-1　　　　　　　　　　　**辅助生产车间提供劳务量汇总表**

2×19 年 3 月　　　　　　　　　　　金额单位：元

提供劳务的辅助生产车间	劳务计量单位	提供劳务的总量	各受益单位接受劳务量		基本生产车间	行政管理部门
			辅助生产车间			
			供电车间	供水车间		
供电车间	度	25 000		5 000	12 000	8 000
供水车间	吨	52 000	2 000		35 000	15 000

要求：根据资料，采用直接分配法分配辅助生产成本，并编制"辅助生产费用分配表（直接分配法）"，据以作出会计分录。

 实训成果

（1）采用直接分配法编制辅助生产费用分配表，如表 3-2 所示。

表 3-2　　　　　　　　　　　**辅助生产费用分配表（直接分配法）**

2×19 年 3 月　　　　　　　　　　　金额单位：元

辅助生产车间名称		供电车间	供水车间	金额合计
待分配辅助生产费用				
供应辅助生产以外的劳务数量				
单位成本（分配率）				
受益单位	基本生产车间 受益数量			
	基本生产车间 分配金额			
	行政管理部门 受益数量			
	行政管理部门 分配金额			
分配金额合计				

（2）编制本月分配辅助生产费用的会计分录。

_____

_____

_____

_____

_____

_____

_____

2. 交互分配法实训

资料：沿用直接分配法资料。

要求：根据资料，采用交互分配法分配辅助生产成本，并编制"辅助生产费用分配表（交互分配法）"，据以作出会计分录。

 实训成果

（1）采用交互分配法编制辅助生产费用分配表，如表3-3所示。

表 3-3　　　　　　　　　**辅助生产费用分配表（交互分配法）**

2×19 年 3 月　　　　　　　　　　金额单位：元

分配方向			交互分配		对外分配		
辅助生产车间名称			供电	供水	供电	供水	合计
待分配辅助生产费用							
供应的劳务数量							
单位成本（分配率）							
辅助生产车间	供电车间	受益数量					
		分配金额					
	供水车间	受益数量					
		分配金额					
基本生产车间		受益数量					
		分配金额					
行政管理部门		受益数量					
		分配金额					
分配金额合计							

（2）编制本月分配辅助生产费用的会计分录。

_____

_____

_____

_____

_____

_____

_____

3. 顺序分配法实训

资料：沿用直接分配法资料。

要求：根据资料，采用顺序分配法分配辅助生产成本，并编制"辅助生产费用分配表（顺序分配法）"，据以作出会计分录。

 实训成果

（1）采用顺序分配法编制辅助生产费用分配表，如表3-4所示。

表3-4 　　　　　　　　　　辅助生产费用分配表（顺序分配法）

2×19年3月　　　　　　　　　　金额单位：元

辅助生产车间名称			（　　　）车间	（　　　）车间	金额合计
待分配辅助生产费用					
供应的劳务数量					
单位成本（分配率）					
辅助生产车间	供电车间	接受劳务量			
		应分配费用			
		分配率			
	供水车间	接受劳务量			
		应分配费用			
		分配率			
受益单位	基本生产车间	受益数量			
		分配金额			
	行政管理部门	受益数量			
		分配金额			
分配金额合计					

（2）编制本月分配辅助生产费用的会计分录。

_____

_____

_____

_____

_____

_____

_____

4. 计划成本分配法实训

资料：沿用直接分配法资料。假定供电车间每度电耗费1.4元，供水车间每吨水耗费0.27元。

要求：采用计划成本分配法分配辅助生产成本，并编制"辅助生产费用分配表（计划成本分配法）"，据以作出会计分录。

 **实训成果**

（1）采用计划成本分配法编制辅助生产费用分配表，如表3-5所示。

表3-5 　　　　　　　　　辅助生产费用分配表（计划成本分配法）

2×19年3月　　　　　　　　　　　金额单位：元

辅助生产车间名称			供电车间	供水车间	合　计
待分配辅助生产费用					
劳务供应量					
计划单位成本					
辅助生产车间	供水车间	耗用数量			
		分配金额			
	供电车间	耗用数量			
		分配金额			
基本生产车间		耗用数量			
		分配金额			
行政管理部门		耗用数量			
		分配金额			
按计划成本分配合计					
辅助生产车间实际成本					
辅助生产车间成本差异					

（2）编制本月分配辅助生产费用的会计分录。

_____

_____

_____

_____

_____

5. 代数分配法实训

资料：沿用直接分配法资料。

要求：采用代数分配法分配辅助生产成本，并编制"辅助生产费用分配表（代数分配法）"，据以作出会计分录。（分配率保留到小数点后第四位）

 实训成果

（1）供水、供电车间分配率计算过程。

_____

_____

_____

_____

（2）采用代数分配法编制辅助生产费用分配表，如表3-6所示。

表3-6 　　　　　　　　辅助生产费用分配表（代数分配法）

2×19 年 3 月　　　　　　　　　　　　金额单位：元

辅助生产车间名称			供电车间	供水车间	合　计
待分配辅助生产费用					
劳务供应量					
单位成本					
辅助生产车间	供水车间	耗用数量			
		分配金额			
	供电车间	耗用数量			
		分配金额			
基本生产车间		耗用数量			
		分配金额			
行政管理部门		耗用数量			
		分配金额			
分配金额合计					

（3）编制本月分配辅助生产费用的会计分录。

实训项目四　制造费用的核算

一、基础知识归纳

（一）制造费用的概念

制造费用是指企业生产车间（或分厂）为组织管理生产所发生的各项间接费用，包括车间管理人员工资，生产车间的厂房、机器、设备的折旧费，修理费，水电费，低值易耗品摊销，停工损失，未单独设置"燃料及动力"成本项目的企业所发生的用于产品生产的动力费用等。

（二）制造费用的归集

企业发生的各项制造费用是按其用途和发生地点通过"制造费用"账户进行归集和分配的，借方归集费用的发生，贷方反映费用的分配，月终分配后一般无余额。

提示：辅助生产车间若间接费用较少，为了减少转账手续，也可以不通过"制造费用"账户，而直接记入"生产成本——辅助生产成本"账户。

（三）制造费用的分配方法和账务处理

生产车间只生产一种产品的，就计入该种产品的生产成本；如果生产两种或两种以上产品的，就采用一定的方法在不同产品之间进行分配。分配方法有生产工人工时比例法（或生产工时比例法）、生产工人工资比例法（或生产工资比例法）、机器工时比例法和按年度计划分配率分配法等。

1. 生产工人工时比例法

概念：这是按照各种产品所用生产工人实际工时或定额工时的比例分配制造费用的方法。计算公式如下：

$$制造费用分配率 = \frac{制造费用总额}{车间产品生产工时总额}$$

某产品应分配的制造费用 ＝ 该产品生产工时 × 制造费用分配率

优点：采用生产工时比例分配制造费用，能将劳动生产率与产品负担的费用水平联系起来，使分配结果比较合理。

缺点：如各种产品机械化程度相差悬殊，制造费用中的折旧费和修理费将大部分由机械化程度低的产品负担，显得不合理。

适用：各种产品机械化程度相当、产品的工时记录和核算资料较准确的企业。

2. 生产工人工资比例法

概念：生产工人工资比例法是按各种产品的生产工人工资比例分配制造费用的一种方法。计算公式如下：

$$制造费用分配率 = \frac{制造费用总额}{车间各种产品生产工人工资总额}$$

某产品应分配的制造费用 ＝ 该产品生产工人工资 × 制造费用分配率

提示： 采用生产工人工资比例法分配制造费用，如果计入产品成本的生产工人工资是按生产工时比例分配的，则生产工人工资比例分配法与生产工时比例分配法对制造费用进行分配的结果是相同的。

优点： 生产工人工资数据容易取得，分配核算比较简便。

缺点： 各种产品机械化程度相差较大，会影响分配结果的准确性。

适用： 各种产品机械化程度相近的企业。

3. 机器工时比例法

概念： 机器工时比例法是按照各种产品所耗的机器工时的比例分配制造费用的一种方法。计算公式如下：

$$制造费用分配率 = \frac{制造费用总额}{车间各产品所耗机器工时总额}$$

某产品应分配的制造费用 = 该产品所耗机器工时 × 制造费用分配率

优点： 在机械化程度较高的企业中，机器设备成为主要因素，按照机器工时比例分配制造费用更为合理。

适用： 机械化程度较高，具备各种产品所用机械工时的原始记录的企业。

制造费用按年度
计划成本分配法

4. 按年度计划分配率分配法

概念： 按年度计划分配率分配法是指依据年度制造费用预算数与各种产品预计产量的相关定额标准（如工时、生产工人工资、机器工时等）确定计划分配率，并以此分配制造费用的一种方法。计算公式如下：

$$年度计划分配率 = \frac{年度制造费用计划总额}{各种产品计划业务量总数（工时、生产工人工资、机器工时）}$$

某月某种产品应负担的制造费用 = 该月该种产品实际业务量 × 年度计划分配率

提示： 在按年度计划分配率分配法下，年度中期制造费用总账账户及其相关明细账一般有月末余额，而且可能是借方余额，也可能是贷方余额。在年末时，制造费用账户仍有余额的，就是全年实际发生的制造费用与全年制造费用预计额的差异，需在年末进行差异分配，即年末调整后制造费用账户余额为零。

优点： 分配手续简便，有利于及时计算产品成本，使单位产品负担的制造费用相对均衡。

缺点： 要求计划管理水平较高，否则会影响成本计算的准确性。

适用： 有比较准确的定额标准和较高的计划管理水平的季节性生产企业。

无论采用何种方法分配制造费用，都要根据分配结果编制"制造费用分配表"，并根据"制造费用分配表"编制会计分录。一般情况下，"制造费用"账户经过分配，期末没有余额。

二、实训项目设计

（一）能力目标

通过本项目实训，能够熟练掌握制造费用归集和分配的基本原理，达到提升实践操作能力的目标。

（二）思政目标

增强效率意识。

（三）任务描述

根据资料，按照生产工人工时比例法、生产工人工资比例法、机器工时比例法、按年度计划分配率分配法的基本原理，独立进行制造费用的归集和分配。

（四）项目训练

1. 生产工人工时比例法实训

资料：某制造企业设有两个基本生产车间，第一车间生产甲、乙两种产品，制造费用在这两种产品之间按生产工时比例进行分配，两种产品的生产工时为甲产品5 000小时，乙产品4 000小时；第二车间只生产丙产品，制造费用全部计入这种产品成本。

2×19年6月发生费用资料如下。

（1）耗用原材料（消耗性材料）：第一车间2 700元，第二车间2 500元；

（2）计提折旧：第一车间3 600元，第二车间2 900元；

（3）耗用低值易耗品（一次摊销）：第一车间1 600元；

（4）车间管理人员薪酬：第一车间6 500元，第二车间1 500元；

（5）支付办公费：第一车间450元，第二车间320元；

（6）支付水电费：第一车间350元，第二车间245元；

（7）预提经营租入固定资产租金：第一车间1 500元，第二车间650元；

（8）根据辅助生产费用分配表资料：第一车间应负担运输费用900元，第二车间应负担运输费用530元；

（9）其他费用：第一车间400元，第二车间355元。

要求：归集计算当期两个车间的制造费用总额，并采用生产工人工时比例法分配制造费用，编制"制造费用分配表"，据以作出会计分录。

实训成果

（1）归集第一、第二车间的制造费用。

_____

（2）编制制造费用分配表，如表4-1所示。

表4-1   制造费用分配表
2×19年6月

应借账户		分配标准／小时	分配率／（元／小时）	分配金额／元
总账账户	明细账户			
生产成本——基本生产成本	甲产品			
	乙产品			
	小计			
	丙产品			
合　计				

（3）编制本月分配制造费用的会计分录。

_____

_____

_____

_____

_____

_____

2. 生产工人工资比例法实训

资料：某企业采用生产工人工资比例法对制造费用进行分配。2×19 年 4 月，基本生产车间发生制造费用 420 000 元，该车间生产 A、B 两种产品，A 产品生产工人工资 25 500 元，B 产品生产工人工资 34 500 元。

要求：采用生产工人工资比例法分配制造费用，编制"制造费用分配表"，据以作出会计分录。

实训成果

（1）编制制造费用分配表，如表 4-2 所示。

表 4-2

制造费用分配表

2×19 年 4 月

应 借 账 户		分配标准 / 元	分配率	分配金额 / 元
总账账户	明细账户			
生产成本	A 产品			
	B 产品			
合　计				

（2）编制本月分配制造费用的会计分录。

_____

_____

_____

_____

_____

3. 机器工时比例法实训

资料：某企业基本生产车间系机械化程度较高的车间，采用机器工时比例法对制造费用进行分配。2×19 年 4 月，该基本生产车间发生制造费用 540 000 元，该车间生产 A、B 两种产品，A 产品机器工时 5 600 小时，B 产品机器工时 3 400 小时。

要求：采用机器工时比例法分配制造费用，编制"制造费用分配表"，据以作出会计分录。

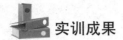 **实训成果**

（1）编制制造费用分配表，如表 4-3 所示。

表 4-3 制造费用分配表

2×19 年 4 月

应借账户		分配标准／小时	分配率／（元／小时）	分配金额／元
总账账户	明细账户			
生产成本	A 产品			
	B 产品			
合 计				

（2）编制本月分配制造费用的会计分录。

_____

_____

_____

_____

_____

4. 按年度计划分配率分配法实训

资料：某工业企业属于季节性生产企业，甲车间的全年制造费用预算数，以及按计划分配率分配的制造费用均为 116 160 元，该车间生产 A、B 产品定额工时分别为 7 小时和 6 小时。车间全年计划生产 A 产品 840 件、B 产品 1 440 件。10 月末"制造费用"科目贷方余额为 62 元。11 月实际产量为 A 产品 90 件、B 产品 105 件；实际制造费用为 10 192 元。12 月实际产量为 A 产品 80 件、B 产品 130 件；实际制造费用为 10 800 元。

要求：

（1）采用按年度计划分配率分配法分配转出 11 月制造费用，并作出相关会计分录。

（2）计算并结转 12 月应分配转出的制造费用并作出相关会计分录。（分配率保留到小数点后第四位，分配的费用保留到小数点后第二位）

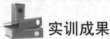 **实训成果**

（1）分配转出 11 月制造费用，并作出相关会计分录。

_____

_____

_____

_____

_____

_____

（2）分配转出 12 月制造费用，并作出相关会计分录。

_____

_____

_____

_____

_____

_____

_____

_____

实训成绩：   年　月　日

实训项目五　生产损失的核算

一、基础知识归纳

（一）生产损失的概念

生产损失是指在产品生产过程中，因产品报废、生产停工而发生的各种损失，包括废品损失和停工损失。

（二）废品损失的核算

1. 废品的含义

生产中的废品是指那些质量不符合技术标准的规定，不能按照原定用途加以利用的，或是只有通过加工修复后才能利用的在产品、半成品和产成品，而不论它们是在生产中发现的，还是在入库后发现，以及实行"三包"企业在产品销售后发现的废品。

2. 废品的分类

（1）按技术修复性和经济合理性原则，废品分为不可修复废品和可修复废品两种。

（2）按产生的原因，废品又分为工废和料废两类。工废是由于工人操作上的原因造成的废品；料废是由于原材料或半成品的质量不符合要求所造成的废品。

3. 废品损失的定义

废品损失是指在生产过程中发现的、入库后发现的不可修复废品的生产成本，以及可修复废品的修复费用，扣除回收废品残料价值和应收赔款以后的损失。计算公式如下：

不可修复废品损失＝不可修复废品的实际成本－回收材料（残料）价值－

责任人赔款

可修复废品损失＝修理费用（包括耗用的原材料、生产工人工资、负担的制造费用）

废品损失＝不可修复废品损失＋可修复废品损失

提示：企业的下列损失不作为废品损失处理：①降价出售不合格产品的降价损失；②产品入库后因管理不善而损坏变质损失；③实行"三包"的企业，产品出售以后发现的废品所发生的一切损失；④因产生废品给企业带来的间接损失。

4.废品损失核算账户设置

按车间设置明细账，按产品品种分设"废品损失"专户核算。借方归集企业一定时期所发生的不可修复废品的报废损失和可修复废品的修复费用。贷方归集废品的残料回收价值和应收赔款，借贷方相抵后的差额，即废品净损失。月末将废品损失账户余额分配转由本月同种产品的成本负担：借记"生产成本——基本生产成本"账户，贷记"废品损失"账户。"废品损失"账户月末没有余额。

企业也可不设"废品损失"账户，在"生产成本——基本生产成本"明细账中也不必设"废品损失"项目。对发生的可修复废品损失如同正常的生产费用处理。对收回的废品残料及其赔偿款，做冲减"生产成本——基本生产成本"处理。

（三）停工损失

1.概念

停工损失是指企业生产部门因停工所造成的损失。由停工期间消耗的燃料及动力、职工薪酬和制造费用等构成。停工不足一个工作日的，通常不计算停工损失。

2.账户设置

开设"停工损失"账户，在产品成本计算单中增设"停工损失"成本项目。借方进行归集停工期内发生、应列作停工损失的费用；应由过失单位及过失人员或保险公司负担的赔款，应从该科目的贷方转入"其他应收款"等账户的借方。期末，将停工净损失从该科目贷方转出，属于自然灾害部分转入"营业外支出"账户的借方；应由本月产品成本负担的部分，则转入"生产成本——基本生产成本"账户的借方，在停工的车间生产多种产品时，还要采用合理的分配标准，分配计入该车间各产品成本明细账停工损失成本项目。"停工损失"账户月末无余额。

提示：季节性停工、修理期间的停工，不属于停工损失，不应作为停工损失核算，应记入"制造费用"账户。

企业也可不设"停工损失"账户和"停工损失"成本项目，而将发生的停工损失直接列入"制造费用""其他应收款"和"营业外支出"账户。

二、实训项目设计

（一）能力目标

通过本项目实训，能够熟练掌握废品损失归集和分配的基本原理，达到提升实践操作能力的目标。

（二）思政目标

增强质量意识和安全意识。

（三）任务描述

根据资料，独立对可修复废品与不可修复废品进行废品损失的归集和分配。

（四）项目训练

1. 可修复废品损失实训

资料：2×19年10月，广发轮胎厂生产轮胎1 000个，轮胎成本明细账归集的生产费用为：直接材料125 000元，直接人工4 875元，制造费用22 750元，合计152 625元。轮胎生产过程中发现10个可修复废品，当即进行修复，耗用原材料260元、工资140元、制造费用50元，此外，应向过失人索赔300元。

要求：完成下列计算表和明细账，并作出相关会计分录。

 实训成果

（1）完成废品损失计算单和明细账，如表5-1～表5-3所示。

表5-1 　　　　　　　　　　　　废品损失计算单

产品名称：轮胎　　　　　　　　　　2×19年10月　　　　　　　　　金额单位：元

项　目	数量／件	原材料	工资和福利	制造费用	成本合计
废品生产成本					
减：责任人赔款					
废品净损失					

表5-2 　　　　　　　　　　　　废品损失明细账

产品名称：轮胎　　　　　　　　　　2×19年10月

产量：　　　　　　　　　　　　　　　　　　　　　　　　金额单位：元

月	日	摘　要	直接材料	直接人工	制造费用	转　出	合计
略	略	修复发生材料费用					
		修复发生人工费用					
		修复发生制造费用					
		应收赔款					
		废品损失合计					
		结转废品损失					

表5-3 　　　　　　　　　　　　基本生产成本明细账

产品名称：轮胎　　　　　　　　　　2×19年10月

产量：　　　　　　　　　　　　　　　　　　　　　　　　金额单位：元

月	日	摘　要	直接材料	直接人工	制造费用	合　计
略	略	生产费用合计				
		转入废品净损失				
		生产成本合计				
		完工产品数量／件				
		单位产品成本				

（2）编制相关会计分录。

_____

_____

_____

_____

_____

_____

_____

_____

_____

2. 不可修复废品损失实训

资料：2×19 年 10 月，广发轮胎厂生产轮胎 1 000 个，生产过程中发现 10 个不可修复废品。轮胎成本明细账归集的生产费用：直接材料 125 000 元，直接人工 4 875 元，制造费用 22 750 元，合计 152 625 元。原材料于生产开始时一次投入。生产工时：合格品 1 505 小时，废品 120 小时，合计 1 625 小时。废品回收的残料计价 500 元。

要求：完成下列计算表和明细账，并作出相关会计分录。

实训成果

（1）完成废品损失计算单和明细账，如表5-4～表5-6所示。

表 5-4　　　　　　　　　　　　废品损失计算单

产品名称：轮胎　　　　　　　　2×19 年 10 月　　　　　　　　金额单位：元

项　目	数量／个	原材料	生产工时／小时	工资	制造费用	成本合计
费用总额						
费用分配率						
废品生产成本						
减：废品残料						
废品净损失						

表 5-5　　　　　　　　　　　　废品损失明细账

产品名称：轮胎　　　　　　　　2×19 年 10 月　　　　　　　　金额单位：元

月	日	摘　要	直接材料	直接人工	制造费用	转　出	合计
略	略	不可修复废品生产成本					
		不可修复废品残料收入					
		废品损失合计					
		结转废品损失					

表 5-6 　　　　　　　　　　　　**基本生产成本明细账**

产品名称：轮胎　　　　　　　　　2×19 年 10 月　　　　　　　　　金额单位：元

月	日	摘　　要	直接材料	直接人工	制造费用	合　　计
略	略	生产费用合计				
		转出废品成本				
		转入废品净损失				
		生产成本合计				
		完工产品数量／件				
		单位产品成本				

（2）编制相关会计分录。

_____

_____

_____

_____

_____

_____

_____

_____

_____

3. 废品损失综合实训

资料：2×19 年 11 月，广发轮胎厂生产轮胎 1 200 个，轮胎成本明细账归集的生产费用：直接材料 25 800 元，直接人工 39 600 元，制造费用 16 830 元。轮胎生产过程中发现 20 件可修复废品和 5 件不可修复废品。对可修复废品进行了修复，修复过程中耗用原材料 500 元、工资 200 元、制造费用 100 元。此外向过失人索赔 500 元。

原材料于生产开始时一次投入，生产工时为 1 800 小时，其中，不可修复废品耗用 100 小时。

要求：完成下列计算表和明细账的填列。

 实训成果

完成废品损失计算单和明细账，如表 5-7 ～ 表 5-9 所示。

表 5-7 　　　　　　　　　　　　**不可修复废品损失计算单**

产品名称：轮胎　　　　　　　　　2×19 年 10 月　　　　　　　　　金额单位：元

项　　目	数量／件	原材料	工资和福利	制造费用	成本合计
废品生产成本					
减：责任人赔款					
废品净损失					

表 5-8 　　　　　　　　　　　　废品损失明细账

产品名称：轮胎　　　　　　　　　　2×19 年 10 月

产量：　　　　　　　　　　　　　　　　　　　　　　　　金额单位：元

月	日	摘　　要	直接材料	直接人工	制造费用	转　　出	合　计
略	略	修复发生材料费用					
		修复发生人工费用					
		修复发生制造费用					
		应收赔款					
		不可修复废品成本					
		废品净损失					
		结转废品净损失					

表 5-9 　　　　　　　　　　　　基本生产成本明细账

产品名称：轮胎　　　　　　　　　　2×19 年 10 月

产量：　　　　　　　　　　　　　　　　　　　　　　　　金额单位：元

月	日	摘　要	直接材料	直接人工	制造费用	合　计
略	略	生产费用合计				
		转出废品净损失				
		转入废品净损失				
		生产费用合计				
		单位产品成本				

实训成绩：　　　　　　　　　　　　　　　　　　　　　　年　月　日

实训项目六　生产费用在完工产品与在产品之间的分配

一、基础知识归纳

（一）在产品数量的确定

1. 在产品的概念

成本核算上所讲的在产品是狭义在产品，仅指车间内部处于加工、检验、运输等过程中的在制品。

2. 确定在产品的方法

准确确定月末在产品的数量，是将生产费用在完工产品与在产品之间分配、确定月末在产品的前提。确定在产品数量的方法有两种：一是通过台账资料确定；二是通过实地盘点方式确定。两种方法结合使用。

3. 在产品盈亏的核算

1）盘盈时的账务处理

先按计划成本或定额成本转入"待处理财产损溢"账户。其基本分录为

借：生产成本——基本生产成本

　　贷：待处理财产损溢

待查明原因后，转销盘盈金额。其基本分录为

借：待处理财产损溢

　　贷：管理费用

2）盘亏时的账务处理

先按计划成本或定额成本转入"待处理财产损溢"账户。其基本分录为

借：待处理财产损溢

　　贷：生产成本——基本生产成本

待查明原因后，转销盘亏金额。其基本分录为

借：原材料（或银行存款）——毁损在产品的残值

　　其他应收款——过失人或保险公司赔款

　　营业外支出——自然灾害造成的净损失

　　制造费用——正常生产净损耗

　　管理费用——经营性净损失

　　贷：待处理财产损溢

提示：如果在产品发生非正常损失，则该损失的在产品应负担的增值税进项税额也应转出，借记"待处理财产损溢"账户，贷记"应交税费——应交增值税（进项税额转出）"账户。

4. 在产品数量与完工产品成本计算的关系

月初在产品成本＋本月生产费用－月末在产品成本＝本月完工产品总成本

计算完工产品成本还应考虑投产与完工情况，如表6-1所示。

表6-1　　　　　　　　　　　　投产与完工情况表

投产与完工时间	完工产品生产成本的构成
本月投产本月全部完工	本月发生的全部生产费用
本月投产本月部分完工	本月生产费用－月末在产品成本
以前月份投产本月全部完工	月初在产品成本＋本月生产费用
以前月份投产本月部分完工	月初在产品成本＋本月生产费用－月末在产品成本

（二）生产费用在完工产品与在产品之间分配的方法

生产费用在完工产品与在产品之间分配的程序如下。

（1）确定月末在产品成本。

（2）确定本期完工产品总成本。

　　本月完工产品成本＝期初在产品成本＋本月生产费用－期末在产品成本

（3）计算完工产品单位成本。

$$某产品单位成本＝\frac{该产品总成本}{该产品完工数量}$$

1. 在产品忽略不计法

在产品忽略不计法又称不计算在产品成本法，是指月末虽然有在产品，但不计算在产品成本，即某种产品本月归集的全部生产费用就是该种完工产品成本。

$$本月完工产品成本＝本月生产费用$$

2. 在产品按年初固定成本计价法

在产品按年初固定成本计价法是指年内各月末在产品成本均按年初在产品成本计算，各月末、月初在产品的成本固定不变，当月发生的生产费用全部由完工产品负担。

$$本月完工产品成本＝本月生产费用$$

3. 在产品按所耗直接材料费用计价法

在产品按所耗直接材料费用计价法是指在产品只负担材料费用，其他加工费用全部由完工产品负担。计算公式如下：

$$直接材料分配率＝\frac{直接材料费用总额}{完工产品数量＋在产品数量}$$

$$在产品成本＝在产品数量 × 直接材料分配率$$

$$完工产品成本＝完工产品数量 × 直接材料费用分配率＋其他各项加工费用$$

或
$$＝期初在产品材料成本＋本期生产费用－在产品材料成本$$

4. 在产品成本按完工产品成本计价法

在产品成本按完工产品成本计价法是指将月末在产品视同完工产品，根据月末在产品数量与本月完工产品产量的比例来分配生产费用。

5. 约当产量比例法

按在产品完工程度把在产品折算为完工产品的产量，再把该产品已发生的累计生产费用，按完工产品产量和在产品的约当产量比例进行分配。

1）计算过程

第一步，在产品约当产量＝在产品数量 × 完工程度（或投料程度）

第二步，生产费用分配率＝$\dfrac{月初在产品成本＋本月生产费用}{完工产品数量＋在产品约当产量}$

第三步，完工产品费用分配额＝完工产品数量 × 费用分配率

第四步，月末在产品费用分配额＝在产品约当产量 × 费用分配率

2）在产品约当产量的确定

（1）分配"直接材料"成本项目的在产品约当产量的计算。

第一种投料方式：原材料在开始生产时一次投入时的计算。

一次投料就是在产品生产开工时一次投入产品生产所需的全部直接材料，月末在产品投料程度为100%。

$$在产品的约当产量＝在产品的数量 ×100\%$$

第二种投料方式：直接材料在每一工序开始时投入。

$$某工序直接材料投料程度＝\frac{单位在产品前面各工序直接材料消耗定额之和＋单位在产品本工序直接材料消耗定额}{单位完工产品直接材料消耗定额}×100\%$$

提示：公式中的材料消耗定额可以是投入材料费用，也可以是投入材料数量。

某工序月末在产品约当产量＝该工序在产品数量×该工序月末在产品投料程度

第三种投料方式：直接材料在每一工序开始以后逐步投入。

$$某工序直接材料投料程度=\frac{单位在产品前面各工序直接材料消耗定额之和+单位在产品本工序直接材料消耗定额×50\%}{单位完工产品直接材料消耗定额}×100\%$$

（2）分配"制造费用、直接人工、燃料与动力"等成本项目的在产品约当产量计算。

不分生产工序确定在产品完工程度，按完工程度计算月末在产品的约当产量。

月末在产品约当产量＝月末在产品数量×完工程度（通常为50%）

分生产工序确定在产品完工程度。

$$某工序在产品的完工程度=\frac{单位在产品前面各工序工时定额之和+单位在产品本工序工时定额}{单位完工产品工时定额}×100\%$$

各工序月末在产品约当产量＝各工序月末在产品数量×该工序在产品完工程度

6. 在产品按定额成本计价法

在产品按定额成本计价法是指月末在产品成本按照预先制定的定额成本计价的方法。采用这种方法时，可根据实际结存的在产品数量、投料和加工程度，以及单位产品定额成本计算出月末在产品的定额成本。

期末在产品成本＝期末在产品数量×在产品单位定额成本×投料或加工程度

完工产品成本＝期初在产品成本＋本期生产费用－期末在产品成本

7. 定额比例法

定额比例法是指按照完工产品和月末在产品的定额消耗量或定额费用的比例分配计算完工产品成本和月末在产品成本的方法。

（1）$直接材料费用分配率=\dfrac{月初在产品实际材料成本+本月投入的实际材料成本}{完工产品定额材料成本+月末在产品定额材料成本}$

完工产品应分配的材料成本＝完工产品定额材料成本×直接材料费用分配率

月末在产品应分配的材料成本＝月末在产品定额材料成本×直接材料费用分配率

（2）$直接人工费用分配率=\dfrac{月初在产品直接人工费用+本月投入的直接人工费用}{完工产品定额工时+月末在产品定额工时}$

完工产品应分配的直接人工费用＝完工产品定额工时×直接人工费用分配率

月末在产品应分配的直接人工费用＝月末在产品定额工时×直接人工费用分配率

（3）$制造费用分配率=\dfrac{月初在产品制造费用+本月投入的制造费用}{完工产品定额工时+月末在产品定额工时}$

完工产品应分配的制造费用＝完工产品定额工时×制造费用分配率

月末在产品应分配的制造费用＝月末在产品定额工时×制造费用分配率

（三）完工产品成本的结转

借：库存商品
　　原材料
　　低值易耗品
　贷：生产成本——基本生产成本
　　　生产成本——辅助生产成本

提示："生产成本——基本生产成本"与生产成本——辅助生产成本期末借方余额就是在产品成本。

二、实训项目设计

（一）能力目标

通过本项目实训，能够熟练掌握完工产品和在产品之间分配生产费用的基本原理，达到提升实践操作能力的目标。

（二）思政目标

提升规划好生活、学习、工作的能力。

（三）任务描述

根据资料，按照不计算在产品成本法、在产品按固定成本计价法、在产品按所耗直接材料费用计价法、约当产量比例法、在产品按定额成本计价法、定额比例法的基本原理，独立进行完工产品和在产品生产费用的分配。

（四）项目训练

1.不计算在产品成本法实训

资料：某食品加工企业采用不计算在产品成本法进行产品的成本计算。2×19年12月该企业共发生生产费用29 074元，其中原材料费用19 036元，直接人工费用6 780元，制造费用3 258元。本月企业完工产品100千克，月末在产品数量很小，故忽略不计。

要求：计算该企业12月完工产品的总成本和单位成本，并编制相关会计分录。

 实训成果

（1）完工产品的总成本和单位成本。

_____

_____

（2）编制相关会计分录。

_____

_____

_____

2.在产品按年初固定成本计价法实训

资料：海东企业2×19年9月生产甲产品，本月完工80件，月末在产品20件，有关月初在产品成本和本月生产费用如表6-2所示。

表 6-2	月初在产品成本和本月生产费用			金额单位：元	
项　目	直接材料	燃料动力	直接人工	制造费用	合　计
月初在产品成本	4 680	230	970	600	6 480
本月生产费用	43 460	3 170	5 880	2 300	54 810

要求：根据上述资料，在产品按固定成本计价法计算甲产品完工产品成本和月末在产品成本。

 实训成果

（1）编制甲产品成本计算单，如表 6-3 所示。

表 6-3	甲产品成本计算单			金额单位：元	
摘　要	直接材料	燃料动力	直接人工	制造费用	合　计
月初在产品成本					
本月生产费用					
合　计					
完工产品成本 /　件					
月末在产品成本 /　件					

（2）编制相关会计分录。

3. 在产品按所耗直接材料费用计价法实训

资料：某企业生产乙产品，月末在产品只计算原材料费用。该产品月初在产品成本为 20 000 元，本月发生的生产费用：直接材料 95 800 元，直接人工 22 000 元，制造费用 28 000 元。原材料在生产开始一次投入，本月完工产品 200 件，月末在产品 100 件。

要求：采用在产品成本按所耗用材料费用计算法，编制"乙产品成本计算单"，并作出相关会计分录。

 实训成果

（1）编制乙产品成本计算单，如表 6-4 所示。

表 6-4	乙产品成本计算单			金额单位：元
项　目	成　本　项　目			
	直接材料	直接人工	制造费用	合　计
月初在产品成本				
本月发生的生产费用				
生产费用合计				
完工产品成本 /　件				
单位成本				
月末在产品成本 /　件				

（2）编制相关会计分录。

_____

_____

_____

4. 约当产量比例法实训

1）练习计算在产品约当产量

资料：某企业生产丙产品经过两道工序加工完成。101# 产品耗
用的原材料在生产开始时一次性投入。2×19 年 2 月 101# 产品的有关
生产资料如下：101# 产品单位工时定额 100 小时，其中第一道工序
40 小时，第二道工序 60 小时，假设各工序内在产品的完工程度均为
50%；本月完工产品 600 件。月末在产品数量：第一道工序 100 件，第二道工序 200 件。

约当产量法

要求：计算 101# 产品月末在产品加工程度及约当产量，并编制各工序在产品完工
程度及在产品的约当产量计算表。

![实训成果图标] **实训成果**

（1）计算 101# 产品月末在产品加工程度及约当产量。

_____

_____

_____

_____

_____

_____

_____

（2）编制各工序在产品完工程度及在产品的约当产量计算表，如表 6-5 所示。

表 6-5　　　　　　　各工序在产品完工程度及在产品的约当产量计算表　　　　　单位：件

工序	在产品数量	投料程度 /%	工时定额	加工费用 完工程度 /%	材料费用在产品 约当产量	加工费用在产品 约当产量
1						
2						
合计					·	

2）练习按约当产量比例法计算在产品成本

资料：某企业生产 202# 产品经过两道工序加工完成。在产品成本按约当产量法计
算，2×19 年 3 月 202# 产品有关资料如下。

（1）202#产品本月完工 720 件；月末在产品数量：第一道工序 200 件，第二道工序 400 件。

（2）原材料分次在每道工序开始时投入。第一道工序材料消耗定额 30 千克，第二道工序材料消耗定额为 20 千克。

（3）202#产品完工产品工时定额为 50 小时，其中第一道工序 30 小时，第二道工序 20 小时。每道工序在产品工时定额为本工序工时定额的 50%。

（4）202#产品月初及本月发生的生产费用：直接材料费用 252 000 元，直接人工费用 176 00 元，制造费用 23 100 元。

要求：

（1）按材料消耗定额计算 202#产品各工序在产品的完工率及在产品约当产量。

（2）按工时定额计算 202#产品各工序在产品的完工率及在产品的约当产量。

（3）将各项生产费用在完工产品与月末在产品之间进行分配，编制"产品成本计算单"。

（4）编制相关会计分录。

 实训成果

（1）按材料消耗定额计算 202#产品各工序在产品的完工率及在产品约当产量。

_____
_____
_____
_____

（2）按工时定额计算 202#产品各工序在产品的完工率及在产品的约当产量。

_____
_____
_____
_____

（3）将各项生产费用在完工产品月末在产品之间进行分配，编制"产品成本计算单"，如表 6-6 所示。

分配过程：_____
_____
_____
_____
_____
_____

表 6-6   **产品成本计算单**   金额单位：元

项　目	成本项目			
	直接材料	直接人工	制造费用	合　计
月初及本月发生的生产费用				
合　计				
月末在产品约当产量				
完工产品数量				
约当产量合计				
费用分配率				
完工产品成本				
月末在产品成本				

（4）编制相关会计分录。

_____

_____

_____

_____

_____

_____

5. 在产品按定额成本计价法实训

资料：宏业公司生产丙产品，原材料在生产开始时一次投入，其他费用在生产过程中均衡发生。本月有关成本计算资料如表 6-7 所示。

表 6-7   **月初在产品成本及本月发生费用**   金额单位：元

摘　要	直接材料	直接人工	制造费用	合　计
月初在产品成本	20 000	2 800	4 600	27 400
本月发生的生产费用	115 000	14 000	29 000	158 000
生产费用合计	13 500	16 800	33 600	185 400

该企业本月完工丙产品 1 100 件，月末在产品 300 件，直接材料计划单价 2 元，单位产品材料定额 43 千克；单位产品工时定额 5 小时；计划每小时费用分配率：直接人工 4 元，制造费用 2 元。

要求：

（1）计算在产品直接材料定额成本。

（2）计算在产品定额工时。

（3）计算在产品直接人工定额成本和在产品制造费用定额成本。

（4）编制"月末在产品定额成本计算表"和"产品成本计算单"。

（5）编制相关会计分录。

 **实训成果**

（1）计算在产品直接材料定额成本。

_____

_____

（2）计算在产品定额工时。

_____

_____

（3）计算在产品直接人工定额成本和在产品制造费用定额成本。

_____

_____

（4）编制"月末在产品定额成本计算表"和"产品成本计算单"，如表6-8和表6-9所示。

表6-8 月末在产品定额成本计算表 金额单位：元

项　目	在产品数量	定额材料费用	定额工时	直接人工	制造费用	合　计
定额费用						
合　计						

表6-9 产品成本计算单 金额单位：元

项　　目	成　本　项　目			
	直接材料	直接人工	制造费用	合　计
月初在产品费用				
本月发生的生产费用				
合　计				
月末在产品成本				
完工产品成本				

（5）编制相关会计分录。

_____

_____

6. 定额比例法实训

资料：某公司生产丁产品，本月完工产品数量1 280件，原材料费用定额为每件产品100元，工时定额2小时；月末在产品数量320件，材料费用定额100元，工时定额1小时。生产费用资料如表6-10所示。

表 6-10 　　　　　　　　丁产品生产费用 　　　　　　　金额单位：元

摘　　要	直接材料	直接人工	制造费用	合　　计
月初在产品成本	16 000	3 712	8 000	27 712
本月发生的生产费用	112 000	17 600	35 200	164 800
生产费用合计	128 000	21 312	43 200	192 512

要求：

（1）计算丁产品完工产品和月末在产品定额材料费用和定额工时。

（2）分成本项目计算丁产品完工产品成本与月末在产品成本。

（3）编制"丁产品成本计算单"。

（4）编制相关会计分录。

 实训成果

（1）计算丁产品完工产品和月末在产品定额材料费用与定额工时。

_____

_____

_____

_____

_____

（2）分成本项目计算丁产品完工产品成本与月末在产品成本。

_____

_____

_____

_____

（3）编制"丁产品成本计算单"，如表 6-11 所示。

表 6-11 　　　　　　　　丁产品成本计算单 　　　　　　　金额单位：元

项　　目		成 本 项 目			
		直接材料	直接人工	制造费用	合　　计
月初在产品成本					
本月发生的生产费用					
生产费用合计					
定额材料费用、定额工时	完工产品				
	月末在产品				
费用分配率					
完工产品成本					
月末在产品成本					

（4）编制相关会计分录。

_____

_____

_____

_____

_____

_____

_____

实训成绩：   年 月 日

实训项目七　品种法

品种法

一、基础知识归纳

（一）品种法的概念

品种法是指以产品的品种为成本计算对象，来归集费用、计算产品成本的一种方法，是最基本的成本计算方法。

品种法适用于：大量大批单步骤生产类型的企业，或多步骤生产但管理上不要求分步计算的企业。

品种法的特点：①以产品品种作为成本计算的对象；②每月月末进行成本计算；③费用在完工产品与在产品之间分配。

（二）品种法成本核算程序

品种法成本核算程序如图 7-1 所示。

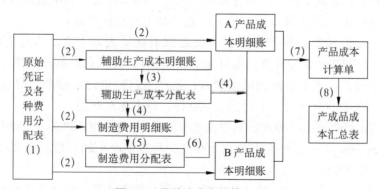

图 7-1　品种法成本核算程序

（1）按产品品种设立成本明细账，根据各项费用的原始凭证及相关资料编制有关记账凭证并登记有关明细账，并编制各种费用分配表，分配各种要素费用。

（2）根据上述各种费用分配表和其他有关资料，登记辅助生产明细账、基本生产明细账、制造费用明细账等。

（3）根据辅助生产明细账编制辅助生产成本分配表，分配辅助生产成本。

（4）根据辅助生产成本明细账登记制造费用明细账。

（5）根据制造费用明细账编制制造费用分配表。

（6）在各种产品之间分配制造费用，并据以登记基本生产成本明细账。

（7）根据各产品基本生产明细账编制产品成本计算单，分配完工产品成本和在产品成本。

（8）汇编产成品的成本汇总表，结转产成品成本。

二、实训项目设计

（一）能力目标

通过本项目实训，能够熟练掌握产品成本计算品种法的基本原理与具体业务核算，达到提升实践操作能力的目标。

（二）思政目标

了解国家经济发展策略，增强爱国情怀。

（三）任务描述

根据资料，结合要素费用的归集与分配规则，按照品种法的基本原理进行成本核算。

（四）项目训练

1. 企业基本情况

大华制造厂设有一个基本生产车间和供电、供水两个辅助生产车间，大量生产甲、乙两种产品。

2. 2×19 年 12 月有关资料

（1）月初在产品成本：甲产品月初在产品成本 61 750 元，其中直接材料 25 000 元、直接人工 25 750 元、制造费用 11 000 元；乙产品无月初在产品。

（2）本月生产情况：甲产品材料单位定额消耗量为 8 千克，本月实际生产工时 50 000 小时，月初在产品 500 件，本月完工 2 000 件，月末在产品 500 件，原材料在生产开始时一次投入，加工费用为陆续投入；乙产品材料单位定额消耗量为 4 千克，本月实际生产工时 22 000 小时，本月完工 500 件，月末无在产品。

供电车间本月供电 43 500 度，其中供水车间耗用 1 000 度，产品生产耗用 39 000 度，甲产品耗用 20 500 度，乙产品耗用 18 500 度，基本生产车间一般耗用 2 300 度，厂部管理部门耗用 1 200 度。

供水车间本月供水 21 500 升，其中供电车间耗用 800 升，产品生产耗用 14 000 升，甲产品耗用 9 000 升，乙产品耗用 5 000 升，基本生产车间一般耗用 3 900 升，厂部管理部门耗用 2 800 升。

（3）材料费用如表 7-1 所示。

表 7-1

发出材料汇总表

2×19 年 12 月　　　　　　　　　　　　　金额单位：元

用　途	直接领用	共同耗用	合　计
产品生产直接耗用	56 000	27 000	83 000
其中：甲产品 　　　乙产品	31 000 25 000		
基本生产车间一般耗用	8 000		8 000
供电车间耗用	688		688
供水车间耗用	900		900
厂部管理部门耗用	500		500
合　计	66 088	27 000	93 088

（4）本月职工薪酬如表 7-2 所示。

表 7-2

职工薪酬汇总表

2×19 年 12 月　　　　　　　　　　　　　金额单位：元

人　员　类　别	应付职工薪酬
生产工人	180 000
供电车间人员	16 000
供水车间人员	12 000
基本生产车间人员	10 000
厂部管理人员	24 000
合　计	242 000

（5）本月计提折旧费 42 722 元，其中基本生产车间 27 222 元，供电车间 5 000 元，供水车间 2 000 元，厂部管理部门 8 500 元。

（6）本月以银行存款支付费用 18 522 元，其中基本生产车间差旅费 3 400 元，办公费 1 200 元；供电车间办公费 1 662 元，运输费 200 元；供水车间办公费 1 660 元；厂部管理部门办公费 4 600 元，差旅费 5 800 元。

设置甲、乙产品基本生产成本明细账，供电车间、供水车间辅助生产成本明细账，基本生产车间制造费用明细账，辅助车间不设置"制造费用"账户。

3. 训练要求

（1）根据甲、乙产品材料定额消耗量比例分配共同用料，编制"材料费用分配表"，如表 7-3 所示，编制会计分录。

（2）根据甲、乙产品的实际生产工时，分配产品生产工人薪酬，编制"职工薪酬分配表"，同时根据分配结果编制会计分录。

（3）编制本月计提折旧的会计分录。

（4）编制本月以银行存款支付的费用的会计分录。

表 7-3　　　　　　　　　　　　**材料费用分配表**

2×19 年 12 月　　　　　　　　金额单位：元

| 应借账户 | | 直接计入 | 间接计入 | | | 合　计 |
总账账户	明细账户		分配标准	分配率	分配额	
生产成本——基本生产成本	甲产品					
	乙产品					
	小计					
生产成本——辅助生产成本	供电车间					
	供水车间					
	小计					
制造费用	基本生产车间					
管理费用						
合　计						

（5）登记辅助生产成本明细账，并采用直接分配法编制"辅助生产费用分配表"，根据分配结果编制会计分录。

（6）登记基本生产车间制造费用明细账。编制"制造费用分配表"，根据分配结果编制会计分录。

（7）登记基本生产成本明细账。采用约当产量法计算甲产品月末在产品成本，编制甲、乙产品成本计算单和完工产品成本汇总表，并编制结转完工甲、乙产品成本的会计分录。（分配率保留到小数点后第二位）

 实训成果

（1）根据甲、乙产品定额消耗量比例分配共同用料，编制"材料费用分配表"，如表 7-3 所示，并编制会计分录。

根据表 7-3 编制会计分录。

_____

_____

_____

_____

_____

_____

（2）根据甲、乙产品的实际生产工时，分配产品生产工人薪酬，编制"职工薪酬分配表"，如表 7-4 所示，同时根据分配结果编制会计分录。

表 7-4 　　　　　　　　　　　　　　　**职工薪酬分配表**

2×19 年 12 月　　　　　　　　　　　金额单位：元

应借账户		分配标准 （生产工时）	分配率	分配额	合　计
总账账户	明细账户				
生产成本—— 基本生产成本	甲产品				
	乙产品				
	小计				
生产成本—— 辅助生产成本	供电车间				
	供水车间				
	小计				
制造费用	基本生产车间				
管理费用					
合　计					

根据表 7-4 编制会计分录。

_____

_____

_____

（3）编制本月计提折旧的会计分录。

_____

_____

_____

（4）编制本月以银行存款支付的费用的会计分录。

_____

_____

_____

（5）登记辅助生产成本明细账，并采用直接分配法编制"辅助生产费用分配表"，根据分配结果编制会计分录，如表 7-5 ～表 7-7 所示。

表 7-5 　　　　　　　　　　　　　　　**辅助生产成本明细账**

车间名称：供电车间　　　　　　　　　　　　金额单位：元

2×19 年		凭证号	摘　　要	直接材料	直接人工	折旧费用	其他费用	合计
月	日							
12	31	略	分配材料费用					
	31		分配职工薪酬					
	31		分配折旧费用					
	31		分配其他费用					
	31		本期发生额合计					
	31		分配转出					

表7-6 　　　　　　　　　　　　　　　**辅助生产成本明细账**

车间名称：供水车间　　　　　　　　　　　　　　　　　　　　　　　　　金额单位：元

2×19年		凭证号	摘　要	直接材料	直接人工	折旧费用	其他费用	合计
月	日							
12	31	略	分配材料费用					
	31		分配职工薪酬					
	31		分配折旧费用					
	31		分配其他费用					
	31		本期发生额合计					
	31		分配转出					

表7-7 　　　　　　　　　　　　**辅助生产费用分配表（直接分配法）**

2×19年12月　　　　　　　　　　　　　　　　　　　　　　　　　　　　金额单位：元

项　目	受益部门				小　计
	供电车间		供水车间		
	电量/度	金　额	水量/升	金　额	
待分配费用					
劳务供应量					
分配率					
分配金额					
甲产品					
乙产品					
小　计					
基本生产车间					
管理部门					
合　计					

根据表7-7编制会计分录。

_____

（6）登记基本生产车间制造费用明细账。编制"制造费用分配表"，如表7-8和表7-9所示，并根据分配结果编制会计分录。

表7-8 　　　　　　　　　　　　　　　　**制造费用明细账**

车间名称：基本生产车间　　　　　　　　　　　　　　　　　　　　　　金额单位：元

2×19年		凭证号	摘　要	消耗材料	工资及福利费	折旧费用	办公、差旅费	供电、供水费	合计
月	日								
12	31	略	分配材料费用						
	31		分配职工薪酬						
	31		分配折旧费用						
	31		分配其他费用						
	31		分配辅助生产费用						
	31		待分配费用合计						
	31		分配转出						

表 7-9

制造费用分配表

2×19 年 12 月 金额单位：元

分配对象	分配标准（生产工时）	分配率	应分配金额
甲产品			
乙产品			
合　计			

根据表 7-9 编制会计分录。

_____

_____

_____

_____

_____

_____

（7）登记基本生产成本明细账。采用约当产量法计算甲产品月末在产品成本，编制甲、乙产品成本计算单和完工产品成本汇总表，如表 7-10～表 7-14 所示，并编制结转完工甲、乙产品成本的会计分录。

表 7-10 **基本生产成本明细账**

产品名称：甲产品 完工产品数量： 件 金额单位：元

2×19 年 月	2×19 年 日	凭证号	摘　要	成本项目 直接材料	成本项目 直接人工	成本项目 制造费用	合　计
12	1	略	月初在产品成本				
	31		分配材料费用				
	31		分配职工薪酬				
	31		分配辅助生产费用				
	31		分配制造费用				
	31		生产费用合计				
	31		结转完工产品总成本				
	31		期末在产品成本				

表 7-11 **基本生产成本明细账**

产品名称：乙产品 完工产品数量： 件 金额单位：元

2×19 年 月	2×19 年 日	凭证号	摘　要	成本项目 直接材料	成本项目 直接人工	成本项目 制造费用	合　计
12	1	略	月初在产品成本				
	31		分配材料费用				
	31		分配职工薪酬				
	31		分配辅助生产费用				
	31		分配制造费用				
	31		生产费用合计				
	31		结转完工产品总成本				
	31		期末在产品成本				

表 7-12   **产品成本计算单**

产品名称：甲产品   完工产品数量：   件   金额单位：元

2×19年		凭证号	摘　要	成 本 项 目			合　计
月	日			直接材料	直接人工	制造费用	
12	1	略	月初在产品成本				
	31		本月生产费用				
	31		合　计				
	31		单位成本				
	31		完工产品总成本				
	31		期末在产品成本				

表 7-13   **产品成本计算单**

产品名称：乙产品   完工产品数量：   件   金额单位：元

2×19年		凭证号	摘　要	成 本 项 目			合　计
月	日			直接材料	直接人工	制造费用	
12	1	略	月初在产品成本				
	31		本月生产费用				
	31		合　计				
	31		单位成本				
	31		完工产品总成本				
	31		期末在产品成本				

表 7-14   **完工产品成本汇总表**

2×19 年 12 月   金额单位：元

产品名称	产量／件	直接材料	直接人工	制造费用	成本合计	单位成本
甲产品						
乙产品						
合　计						

结转完工甲、乙产品成本的会计分录。

_____

_____

_____

_____

_____

_____

实训成绩：   年　月　日

4. 分组调研讨论

习近平对"中国制造"转型升级重要论述的内容与意义。

实训项目八　分批法

一、基础知识归纳

（一）分批法的概念

分批法是以产品的批别为成本计算对象，按照产品批别归集生产费用、计算产品成本的一种方法。

分批法适用于单件、小批量且管理上不要求分步骤计算成本的多步骤生产企业。

（二）分批法的特点

分批法主要有以下几个特点。

（1）以产品批别作为成本计算对象。

（2）成本计算期与生产周期一致，而与会计报告期不一致。

（3）一般不需要在完工产品和在产品之间分配生产费用。

（三）分批法成本核算的一般程序

（1）按产品批别（或生产令号）开设生产成本计算单，并分别按成本项目设置专栏或专行，用以归集该批产品在生产过程中所发生的各项费用。

（2）按产品批别归集和分配本月发生的各种费用。

（3）计算完工产品成本。

分批法成本计算程序如图 8-1 所示。

图 8-1　分批法成本计算程序

（四）简化分批法

在小批、单件生产的企业或车间中，如果同一月份投产的产品批数很多，并且月末完工的批数并不多。为了简化核算，可采用不分批计算在产品成本的分批法，也叫人工及制造费用的累计分配法或简化的分批法。

其成本计算特点如下。

（1）设立基本生产成本二级账。将月份内各批别产品发生的生产费用（按成本项目）以及生产工时登记在基本生产成本二级账中，按月提供企业或车间全部产品的累计生产费用和累计工时资料（实际工时或定额工时）。

（2）按产品批别设立产品成本明细账，与基本生产成本二级账平行登记。但该产品成本明细账在产品完工之前只登记直接材料费用和生产工时，在没有完工产品的情况下，不分配间接计入费用，只有在有完工产品的那个月份，才对间接费用进行分配。

登记完工产品成本。

提示：在简化的分批法下，只有"直接材料费用"是直接费用，不需要进行分配。

（3）在有完工产品的月份，根据基本生产成本二级账的记录资料，计算全部产品累计间接计入费用分配率，按完工产品的累计工时乘以累计间接计入费用分配率计算和分配其应当负担的间接计入费用，并将分配的间接计入费用计入按产品批别设置的产品成本明细账。计算公式如下：

$$\text{全部产品累计间接计入的费用分配率} = \frac{\text{全部产品累计间接计入费用}}{\text{全部产品累计工时}}$$

$$\text{某批产品完工应负担的间接计入费用} = \text{该批完工产品累计工时} \times \text{全部产品累计间接计入的费用分配率}$$

二、实训项目设计

（一）能力目标

通过本项目实训，能够熟练掌握产品成本计算分批法的基本原理与具体业务核算，达到提升实践操作能力的目标。

（二）思政目标

了解国家经济发展战略，树立为国家作贡献的理想。

（三）任务描述

根据资料，按照分批法的基本原理进行成本核算，以及运用简化分批法独立进行成本计算。

（四）项目训练

1. 分批法实训

资料：东风工厂根据购买单位的订单小批生产 A、B、C 三种产品，采用分批法计算产品成本。2×19 年 8 月的产品成本计算资料如下。

（1）产品生产情况如表 8-1 所示。

表 8-1　　　　　　　　　　　产品生产情况

批号	产品名称	批量/件	投产日期	完工日期
601	A 产品	1 000	6 月 15 日	8 月 31 日全部完工
702	B 产品	800	7 月 10 日	本月未完工
803	C 产品	3 000	8 月 12 日	本月完工 1 500 件

（2）期初在产品成本如表 8-2 所示。

表 8-2　　　　　　　　　　　期初在产品成本

2×19 年 8 月

批号	直接材料	燃料与动力	直接人工	制造费用	合　计
601	125 400	10 800	10 800	9 000	15 600
702	60 000	4 500	6 600	3 900	75 000

（3）本月发生的生产费用如表 8-3 所示。

表 8-3　　　　　　　　　　　本月发生的生产费用

2×19 年 8 月

批号	直接材料	燃料与动力	直接人工	制造费用	合　计
601	24 600	3 150	6 900	4 350	39 000
702		1 800	7 200	6 000	15 000
803	36 000	2 700	4 800	1 500	45 000

（4）完工产品与在产品直接分配费用的方法。803 批号 C 产品，本月完工 1 500 件，尚有在产品 1 500 件，在产品完工程度 50%，原材料在生产开始一次投入，生产费用采用约当产量法在完工产品与在产品之间分配。

要求：

（1）计算 601 批 A 产品全部完工产品的总成本和单位成本，登记"基本生产成本明细账"，如表 8-4 所示。

（2）计算 702 批 B 产品在产品成本，登记"基本生产成本明细账"，如表 8-5 所示。

（3）计算 803 批 C 产品本月完工产品的总成本、单位成本及期末在产品成本，登记"基本生产成本明细账"，如表 8-6 所示。（分配率保留到小数点后第二位）

（4）编制结转完工产品成本的会计分录。

 **实训成果**

表 8-4　　　　　　　　　　　基本生产成本明细账

批号：601　　　　　　　　　　产品名称：A 产品

开工日期：　　　　　　　　　　　　　　　　　　　批量：　　件

完工日期：　　　　　　　　　　　　　　　　　　金额单位：元

2×19 年		摘　　要	直接材料	直接燃料与动力	直接人工	制造费用	合　计
月	日						
8	31	期初在产品成本					
8	31	本月生产费用					
	31	费用合计					
	31	完工产品总成本					
	31	完工产品单位成本					

表 8-5　　　　　　　　　　　基本生产成本明细账

批号：702　　　　　　　　　　产品名称：B 产品

开工日期：　　　　　　　　　　　　　　　　　　　批量：　　件

完工日期：　　　　　　　　　　　　　　　　　　金额单位：元

2×19 年		摘　　要	直接材料	直接燃料与动力	直接人工	制造费用	合　计
月	日						
8	31	期初在产品成本					
8	31	本月生产费用					
	31	生产费用合计					

表 8-6　　　　　　　　　　　　**基本生产成本明细账**

批号：803　　　　　　　　　　　产品名称：C 产品

开工日期：　　　　　　　　　　　　　　　　　　　批量：　　件

完工日期：　　　　　　　（完工：　　件）　　　金额单位：元

2×19年		摘　要	直接材料	直接燃料与动力	直接人工	制造费用	合　计
月	日						
8	31	本月生产费用					
	31	费用分配率					
	31	完工产品成本					
	31	月末在产品成本					

结转完工产品成本的会计分录。

_____

_____

_____

_____

_____

_____

_____

_____

2. 简化分批法实训

1）企业基本情况

大华公司属于小批生产多种产品，采用简化的分批法计算产品成本。

2）2×19 年 5 月有关资料

（1）月初在产品成本：501 批号，直接材料 37 500 元；502 批号，直接材料 21 600 元；503 批号，直接材料 16 000 元。月初直接人工 17 250 元，制造费用 23 500 元。

（2）月初在产品耗用累计工时：501 批号 1 800 小时；502 批号 590 小时；503 批号 960 小时。

（3）本月的生产情况如表 8-7 所示。

表 8-7　　　　　　　　　　　　**产品生产情况表**

产品名称	批号	批量／件	投产日期	完工日期	本月发生工时／小时	本月发生直接材料／元
甲	501	6	3 月	5 月	450	2 496
乙	502	12	4 月	5 月完工 10 件	550	—
丙	503	8	4 月	未完工	600	4 000
丁	504	4	5 月	未完工	700	3 000

（4）本月发生的各项间接费用：直接人工 13 825 元，制造费用 20 005 元。

（5）502 批号乙产品原材料在生产开始时一次投入，本月完工 10 件产品耗用工时 960 小时。

3）训练要求

根据上述资料，登记基本生产成本二级账，以及各批产品基本生产成本明细账。
计算完工产品成本，如表 8-8 ～表 8-12 所示。

 **实训成果**

表 8-8 　　　　　　　　　　　　　基本生产成本二级账 　　　　　　　　金额单位：元

2×19 年		摘　　要	生产工时	直接材料	直接人工	制造费用	合　　计
月	日						
4	30	累计发生					
5	31	本月发生					
5	31	累计发生数					
5	31	累计间接费用分配率					
5	31	本月完工产品成本转出					
5	31	月末在产品					

表 8-9 　　　　　　　　　　　　　基本生产成本明细账

批号：501 　　　　　　　　　　投产日期：3 月 　　　　　　　　批量：6 件
产品名称：甲产品 　　　　　　　完工日期：5 月 　　　　　　　金额单位：元

2×19 年		摘　　要	生产工时	直接材料	直接人工	制造费用	合　　计
月	日						
4	30	累计发生					
5	31	本月发生					
5	31	累计发生数					
5	31	累计间接费用分配率					
5	31	完工产品应负担间接费用					
5	31	本月完工产品成本转出					
5	31	单位产品成本					

表 8-10 　　　　　　　　　　　　基本生产成本明细账

批号：502 　　　　　　　　　　投产日期：4 月 　　　　　批量：12 件　完工 10 件
产品名称：乙产品 　　　　　　　完工日期：5 月 　　　　　　　金额单位：元

2×19 年		摘　　要	生产工时	直接材料	直接人工	制造费用	合　　计
月	日						
4	30	累计发生					
5	31	本月发生					
5	31	累计发生数					
5	31	累计间接费用分配率					
5	31	完工产品应负担间接费用					
5	31	本月完工产品成本转出					
5	31	单位产品成本					

表 8-11 　　　　　　　　　　基本生产成本明细账

批号：503　　　　　　　　　投产日期：4 月　　　　　　　　　批量：8 件
产品名称：丙产品　　　　　　完工日期：　　　　　　　　　　金额单位：元

2×19 年		摘　　要	生产工时	直接材料	直接人工	制造费用	合　　计
月	日						
4	30	累计发生					
5	31	本月发生					

表 8-12 　　　　　　　　　　基本生产成本明细账

批号：504　　　　　　　　　投产日期：5 月　　　　　　　　　批量：4 件
产品名称：丁产品　　　　　　完工日期：　　　　　　　　　　金额单位：元

2×19 年		摘　　要	生产工时	直接材料	直接人工	制造费用	合　　计
月	日						
4	30	累计发生					
5	31	本月发生					

实训成绩：　　　　　　　　　　　　　　　　　　　　　　　　　　　年　月　日

3. 分组调研讨论

我国经济发展转向高质量发展的必要性和必然性。

实训项目九　分步法

分步法

一、基础知识归纳

（一）分步法的概念

分步法是以产品的品种及所经过的生产步骤作为成本计算对象，归集生产费用，计算各种产品成本及各步骤成本的一种方法。

分步法适用于：大量、大批、复杂、多步骤生产的企业。

（二）分步法的特点

（1）以生产步骤作为成本计算对象。

（2）每月月末进行成本计算。

（3）月末需要将生产费用在完工产品与在产品之间进行分配。

（4）在逐步结转分步法下各步骤之间的成本需要结转。

（三）分步法的种类

按是否计算各生产步骤的半成品成本，分步法可以分为逐步结转分步法和平行结转分步法两种。

逐步结转分步法：计算各步骤半成品成本。

平行结转分步法：不计算各步骤半成品成本。

1. 逐步结转分步法

1）逐步结转分步法的概念

逐步结转分步法是按生产步骤逐步计算并结转半成品成本，直到最后步骤计算出产品成本的方法。逐步结转分步法在成本管理上要求提供半成品成本资料，因此，又称为计算半成品成本的分步法。

2）逐步结转分步法的适用范围

逐步结转分步法适用于半成品可对外销售或虽不对外销售但需进行比较考核的企业；一种半成品同时为几种产成品消耗的企业；实行厂内经济核算的企业。

3）逐步结转分步法的特点

本质上是品种法的多次连续应用，其成本计算对象是各个步骤的半成品和最后步骤的产成品。

4）逐步结转分步法的计算程序

（1）按照产品的生产步骤和产品品种设置产品成本明细账。

（2）各步骤的直接费用（直接材料费用、直接人工费用及其他直接费用），直接记入各步骤的成本明细账内，间接费用（制造费用）则要先归集，然后采用一定的分配方法，在各步骤之间进行分配之后，再记入各步骤的成本明细账内。

（3）将上一步所产半成品的成本，随着半成品实物的转移，从上一步骤的成本明细账中转入下一步骤相同产品的明细账中，这样逐步计算出半成品成本直至最后一个步骤的产成品成本。

（4）月末，各生产步骤成本明细账中归集的各项生产费用（包括所耗上一步骤半成品的费用）要在完工的半成品（最后一步为产成品）和在产品之间分配，最后计算完工产品的总成本和单位成本。

5）逐步结转分步法的账务处理及账户设置

在综合结转分步法下，上一步完工的半成品或中间产品的结转分为两种方式：一种是通过半成品仓库结转到下一步继续生产；另一种是不通过半成品仓库直接转入到下一步继续生产。因此，综合结转分步法"各步骤产品成本结转"也分两种情况。

第一种：半成品或中间产品不通过"半成品仓库"直接转移到下一步继续生产的账务处理。

账户设置：按车间设置"生产成本——基本生产成本"账户，按最终完工产品设置"库存商品——××产品"账户。

（1）半成品或中间产品转移到下一步继续生产。

借：生产成本——基本生产成本（××产品）——××车间（下一步）

贷：生产成本——基本生产成本（××产品）——××车间（上一步）

（2）月末结转最后一步完工产品成本。

借：库存商品——××产品

贷：生产成本——基本生产成本（××产品）——××车间（最后一步）

第二种：半成品或中间产品通过"半成品仓库"转移到下一步继续生产的账务处理。

（1）月末结转中间步骤完工的半成品或中间产品时。

借：自制半成品——××产品

　　贷：生产成本——基本生产成本（××产品）——××车间

（2）月末结转下一步领用上一步完工的半成品或中间产品时。

借：生产成本——基本生产成本（××产品）——××车间

　　贷：自制半成品——××产品

（3）月末结转最后一步完工产品成本。

借：库存商品——××产品

　　贷：生产成本——基本生产成本（××产品）——××车间（最后一步）

6）逐步结转分步法的分类

逐步结转分步法按照成本在下一步骤成本计算单中的反映方式，还可以分为综合结转分步法和分项结转分步法两种方法。

第一种方法：综合结转分步法。

（1）综合结转分步法的概念。综合结转分步法是指上一步骤转入下一步骤的半成品成本，以"直接材料"或专设的"半成品"项目的综合成本列入下一步骤的成本计算单中。即当下一步骤耗用上一步骤半成品时，将其成本综合记入"半成品"或"直接材料"项目内，而不考虑上一步骤半成品成本的原始构成。

（2）综合结转分步法的特点。综合结转分步法结转时处理比较简单，但是不能提供按原始成本项目（直接材料、直接人工、制造费用）反映的核算资料，不能了解产品成本的真实构成。因此，在管理上如果要求从整个企业角度分析和考核产品成本的构成，还应将综合结转分步法计算出的产成品成本进行成本还原。

（3）成本还原。成本还原就是将产成品耗用各步骤半成品的综合成本，逐步分解还原为原始的成本项目（直接材料、直接人工、制造费用等）表现的产成品成本资料。

成本还原的方法是从最后步骤起，将其耗用上一步骤半成品的综合成本逐步分解，还原为原来的成本项目。通常采用"还原分配率法"进行还原。

"还原分配率法"的原理是按完工产成品成本中的半成品（直接材料）综合成本占上一步骤本月完工半成品的比重还原的方法。计算过程如下。

首先，计算成本还原分配率。

$$成本还原分配率=\frac{本月产成品所耗上一步骤半成品成本}{本月所产该种完工半成品成本合计}$$

其次，计算半成品各成本项目还原值。

半成品某成本项目还原值=上一步骤完工半成品各成本项目金额 × 还原分配率

最后，计算产成品还原后各成本项目金额。在成本还原的基础上，将各步骤还原前和还原后相同的成本项目金额相加，即可计算出产成品还原后各成本项目金额，从而取得按原始成本项目反映的产成品成本资料。

第二种方法：分项结转分步法。

（1）分项结转分步法的概念。分项结转分步法是指上一步骤转入下一步骤的半成品成本，不是以"半成品"或"直接材料"成本项目进行反映的，而是分别成本项目（直接材料、直接人工、制造费用）记入下一步骤成本计算单的有关成本项目中。如果半成品通过半成品库收发，在自制半成品明细账中登记半成品成本时，也要按照成本项目分别予以登记。

（2）分项结转分步法的特点。分项结转分步法能够提供按原始成本项目反映的产成品成本结构，因此，不需要进行成本还原。

2. 平行结转分步法

1）平行结转分步法的概念

平行结转分步法是指平行结转各生产步骤生产费用中应计入产成品成本的份额，然后汇总计算产成品成本的方法。此法也称为不计算半成品成本分步法。

2）平行结转分步法的特点

（1）各步骤只汇集本步骤所发生的生产费用，不反映耗用的半成品成本。

（2）各步骤半成品成本不随实物转移而结转。

（3）各步骤均不计算半成品成本，只计算各步骤本身所发生的生产费用。此"费用"不包括耗用以前步骤半成品的成本。

（4）按照产成品品种开设产品成本汇总表，分别按成本项目平行汇总各步骤应计入完工产品成本的费用"份额"，并计算确定完工产品成本。

3）平行结转分步法的适用范围

平行结转分步法主要适用于大量大批，在管理上不要求计算半成品成本、多步骤生产的企业。

4）运用平行结转分步法计算产品成本的一般程序

（1）按产品和加工步骤设置成本明细账。

（2）各步骤成本明细账分别按成本项目归集本步骤发生的生产耗费（不包括耗用上一步骤半成品的成本）。

（3）月末将各步骤归集的生产耗费在产成品与广义的在产品之间进行分配，计算各步骤耗费中应计入产成品成本的份额。

（4）将各步骤耗费中应计入产成品成本的份额，按成本项目平行结转，汇总计算出产成品的总成本及单位成本。

5）应计入产成品成本费用"份额"的计算

在平行结转分步法下，合理确定各步骤应计入产成品成本中的费用"份额"，是这种方法的关键。在这种方法下，各步骤在产品成本不再与各该步骤的在产品实物保持对应关系，各步骤发生的费用要在完工产成品与广义在产品之间进行分配，从而确定各步骤应计入完工产成品成本的费用"份额"。具体分配方法有约当产量法和定额比例法。

（1）约当产量法。采用约当产量法计算应计入产成品成本的份额，就是将各步骤生产耗费按照完工产成品的数量与月末广义在产品约当产量的比例进行分配，以确定各步骤耗费中应计入产成品成本的份额。计算公式如下：

完工产品数量＝最后一步产成品数量（这与逐步结转分步法不同）

某步骤月末广义在产品约当产量＝该步骤月末狭义在产品 ×

　　　　　　　　　　　　该步骤投料（完工）程度＋

　　　　　　　　　　　　该步骤完工转入半成品仓库的半成品期末结存数量＋

　　　　　　　　　　　　从半成品库转入下一步正在加工的在产品数量

　　　　　　　　　　　　（半成品实际物体通过半成品库转移）

或

某步骤月末广义在产品约当产量＝该步骤月末狭义在产品 ×

　　　　　　　　　　　　该步骤投料（完工）程度＋

　　　　　　　　　　　　该步骤完工转入以后各步骤正在加工的在产品数量

　　　　　　　　　　　　（半成品实际物体不通过半成品库转移）

提示：为什么计算某步骤月末广义在产品约当产量时，该步骤的在产品要考虑投料（完工）程度，而以后步骤的在产品就不考虑完工程度呢？这是因为后面步骤的半成品对于上一步来说已经完工，在平行结转分步法中半成品的成本不随实物转移而转移，每一步中只包括本步骤发生的费用，不包括上一步转入的费用。

$$某步骤产品单位成本＝\frac{该步骤月初在产品成本＋该步骤本月生产耗费}{完工产品数量＋该步骤月末广义在产品约当产量}$$

某步骤应计入产成品成本的份额＝最后一步完工产品数量 × 该步骤产品单位成本

（2）定额比例法。平行结转分步法采用定额比例法计算产品成本时，材料费用按定额材料费用比例分配，其他费用（人工、制造等费用）按定额工时比例分配。计算公式如下：

$$某步骤产品材料费用分配率＝\frac{材料费用实际发生额合计}{按最后一步完工产成品数量计算的材料费用总定额＋\left(材料费用定额合计 － 按最后一步完工产成品数量计算的材料费用总额\right)}$$

$$某步骤应计入产成品成本的材料费用份额＝按最后一步完工产成品数量计算的材料费用总定额 × 该步骤产品材料费用分配率$$

$$某步骤产品人工（制造等）费用分配率＝\frac{本步骤人工（制造等）费用实际发生额合计}{按最后一步完工产成品数量计算的本步骤的总定额工时＋\left(本步骤定额工时合计 － 按最后一步完工产成品数量计算的本步骤总定额工时\right)}$$

$$某步骤应计入产成品成本人工（制造等）费用的份额＝按最后一步完工产成品数量计算的本步骤的总定额工时 × 该步骤产品人工（制造等）费用分配率$$

6）平行结转分步法下完工产成品的成本计算与结转

将各步骤生产费用中应由产成品成本负担的份额平行结转汇总，计算完工产成品成本。

成本结转会计分录如下。

借：库存商品——×× 产品

　贷：生产成本——基本生产成本（×× 产品）

（各步骤应计入产品成本的份额合计）

二、实训项目设计

（一）能力目标

通过本项目实训，能够熟练掌握产品成本计算分步法的基本原理与具体业务核算，达到提升实践操作能力的目标。

（二）思政目标

了解国家发展战略，树立为国家作贡献的理想。

（三）任务描述

根据资料，按照逐步综合结转分步法、分项结转分步法、平行结转分步法的基本原理，独立进行成本核算，以及进行逐步综合结转分步法的成本还原。

（四）项目训练

1. 逐步综合结转分步法实训

资料：某企业生产乙产品连续经过两个生产车间，第一车间生产的甲半成品直接转给第二车间继续加工成乙产成品。原材料在生产开始时一次投入，各车间在产品完工程度均为50%，各项生产费用按约当产量法在完工产品和月末在产品间分配。产量和费用资料如表9-1所示。

表9-1　　　　　　　　　产品产量和费用资料表　　　　　　　金额单位：元

项　　目	第　一　车　间				第　二　车　间			
	产量/件	直接材料	直接人工	制造费用	产量/件	直接材料	直接人工	制造费用
月初在产品	160	1 080	750	650	200	2 520	640	1 170
本月生产	1 240	10 960	5 370	5 215	1 150		5 384	7 866
本月完工	1 150				1 160			
月末在产品	250				190			

要求：

（1）按逐步综合结转分步法的基本原理，计算完工产品与月末在产品成本，登记"基本生产成本明细账"，如表9-2和表9-3所示。

（2）按成本还原分配率法进行成本还原，并编制"乙产品成本还原计算表"，如表9-4所示。（分配率保留到小数点后第四位，成本项目保留到小数点后第二位）

 **实训成果**

（1）第一车间成本计算过程。

_____

_____

_____

_____

表 9-2　　　　　　　　　　　　　第一车间基本生产成本明细账

产品名称：甲半成品　　　　　　　　　　　　　　　　　　　　　金额单位：元

项　目	直接材料	直接人工	制造费用	合　计
月初在产品成本				
本月生产费用				
合　计				
完工半成品数量				
月末在产品约当产量				
约当总产量				
单位成本（分配率）				
完工半成品总成本				
月末在产品成本				

（2）第二车间成本计算过程。

表 9-3　　　　　　　　　　　　　第二车间基本生产成本明细账

产品名称：乙产成品　　　　　　　　　　　　　　　　　　　　　金额单位：元

项　目	半成品	直接人工	制造费用	合　计
月初在产品成本				
本月生产费用				
合　计				
完工产品数量				
月末在产品约当产量				
约当总产量				
单位成本（分配率）				
完工产品总成本				
月末在产品成本				

（3）成本还原计算过程。

表 9-4　　　　　　　　　　　　　乙产品成本还原计算表　　　　　　　　　金额单位：元

项　目	产量／件	半成品	直接材料	直接人工	制造费用	合　计
还原前产成品成本						
半成品成本						
还原分配率						
产成品中半成品成本还原						
还原后产成品总成本						
单位成本						

2. 成本还原实训

资料：某企业 2×19 年 8 月生产甲产品 10 件，经过三个步骤，第一步骤生产出 A 半成品；第二步骤对半成品 A 继续加工，生产出 B 半成品；第三步骤对 B 半成品加工形成甲产品。半成品和产成品成本资料如表 9-5 所示。

表 9-5　　　　　　　　　半成品和产成品成本资料　　　　　金额单位：元

成　　本	半成品	直接材料	直接人工	制造费用	成本合计
第一步骤 A 半成品成本		1 550	810	565	2 925
第二步骤 B 半成品成本	2 600		600	500	3 700
第三步骤甲产成品成本	3 330		560	320	4 210

要求：按成本还原分配率法进行成本还原，编制"产成品成本还原计算表（成本还原分配率法）"，如表 9-6 所示。

 实训成果

表 9-6　　　　　　　　产成品成本还原计算表（成本还原分配率法）

产品名称：甲产品　　　　　　　　2×19 年 8 月　　　　　　　　金额单位：元

项　　目	产量 / 件	还原分配率	半成品	直接材料	直接人工	制造费用	合　计
还原前产成品成本							
第二步骤半成品成本							
第一次成本还原							
第一步骤半成品成本							
第二次成本还原							
还原后产成品总成本							
还原后产成品单位成本							

3. 分项结转分步法实训

资料：某企业大量生产 A 产品，依次经过三个车间生产完成，第二车间在第一车间生产的甲半成品的基础上生产出乙半成品，第三车间将乙半成品加工成产成品。采用逐步结转分步法计算成本，半成品成本按成本项目分项结转。半成品在各个生产步骤之间直接结转，直接材料在第一车间一次投入，各车间在产品完工率分别为 30%、50%、60%。各生产步骤采用约当产量比例法在完工半成品与期末在产品之间分配成本。2×19 年 9 月的有关成本计算资料如表 9-7 和表 9-8 所示。

表 9-7　　　　　　　　　　　　　产量资料　　　　　　　　　　　单位：件

项　　目	第一车间	第二车间	第三车间
月初在产品	80	90	40
本月投产	164	184	210
本月完工	184	210	200
月末在产品	60	64	50

表 9-8		成本资料			金额单位：元	
项 目			直接材料	直接人工	制造费用	合 计
月初资料	第一车间	所耗半成品				
		本步骤成本	360	150	80	590
		合 计				590
	第二车间	所耗半成品	450	225	135	810
		本步骤成本		247	226	473
		合 计				1 283
	第三车间	所耗半成品	180	290	230	700
		本步骤成本		140	80	220
		合 计				930
本月本步骤发生	第一车间		860	355	270	1 485
	第二车间			600	500	1 100
	第三车间			320	150	470

要求：按半成品实际成本分项结转分步法计算 A 产品成本。（分配率保留到小数点后第二位）

 实训成果

（1）第一车间成本计算过程。

_____
_____
_____
_____
_____
_____
_____

根据计算结果填制第一车间成本计算单，如表 9-9 所示。

表 9-9　　　　　　　　　**第一车间成本计算单**

2×19 年 9 月

车间：第一车间　　　　　完工产量：　　　件　　　　　在产品量：　　　件
产品：甲半成品　　　　　　　　　　　　　　　　　　　金额单位：元

成本项目	月初在产品成本	本月生产成本	合 计	月末在产品成本	完工半成品成本	
					总成本	单位成本
直接材料						
直接人工						
制造费用						
合 计						

（2）第二车间成本计算过程。

_____

_____

_____

_____

_____

_____

_____

_____

_____

根据计算结果填制第二车间成本计算单，如表9-10所示。

表9-10　　　　　　　　　　第二车间成本计算单

2×19年9月

车间：第二车间　　　　　　完工产量：　　件　　　　　在产品量：　　件

产品：乙半成品　　　　　　　　　　　　　　　　　　　金额单位：元

项　目		期初在产品成本	本期发生费用	合　计	期末在产品成本	完工半成品成本	
						总成本	单位成本
直接材料	半成品成本						
	本生产步骤成本						
	小　计						
直接人工	半成品成本						
	本生产步骤成本						
	小　计						
制造费用	半成品成本						
	本生产步骤成本						
	小　计						
项目合计	半成品成本						
	本生产步骤成本						
	合　计						

（3）第三车间成本计算过程。

_____

_____

_____

_____

_____

_____

_____

根据计算结果填制第三车间成本计算单，如表9-11所示。

表9-11　　　　　　　　　　**第三车间成本计算单**

2×19 年 9 月

车间：第三车间　　　　　　　完工产量：　　件　　　　　　　在产品量：　　件

产品：A 产品　　　　　　　　　　　　　　　　　　　　　　金额单位：元

项　目		期初在产品成本	本期发生费用	合　计	期末在产品成本	完工产成品成本	
						总成本	单位成本
直接材料	半成品成本						
	本生产步骤成本						
	小　计						
直接人工	半成品成本						
	本生产步骤成本						
	小　计						
制造费用	半成品成本						
	本生产步骤成本						
	小　计						
项目合计	半成品成本						
	本生产步骤成本						
	合　计						

4. 平行结转分步法实训

1）约当产量法的实训

资料：某企业生产 C 产品，顺序经过三个步骤加工完成，原材料在生产开始时一次投入，各步骤在产品的完工程度均为 50%。第一步骤生产的甲半成品完工后直接转入第二步骤，加工出乙半成品；第三步骤将乙半成品加工成 C 产成品。该企业 2×19 年 9 月有关产量资料如表 9-12 所示，各步骤月初在产品成本及本月发生的生产费用如表 9-13 和表 9-14 所示，采用平行结转分步法计算产品成本。

表9-12　　　　　　　　　　**各步骤产量情况表**　　　　　　　　　　单位：件

摘　要	第一步骤	第二步骤	第三步骤
月初狭义在产品	80	110	120
本月投入	320	380	390
本月完工	390	420	450
月末狭义在产品	10	70	60

表9-13　　　　　　　　　　**各步骤月初在产品成本资料**　　　　　　金额单位：元

项　目	第一步骤	第二步骤	第三步骤
直接材料	11 390		
直接人工	1 315	1 945	3 480
制造费用	1 045	2 335	3 330
合　计	13 750	4 280	6 810

表 9-14 　　　　　　　　　　　**本月成本资料** 　　　　　　　金额单位：元

项　　目	第一步骤	第二步骤	第三步骤
直接材料	36 400		
直接人工	8 630	11 680	13 320
制造费用	9 485	10 745	12 510
合　　计	54 515	22 425	25 830

要求：

（1）若各步骤生产费用在产成品与广义在产品之间的分配采用约当产量法，计算各步骤生产费用应计入产成品成本的份额及完工产品成本，并编制各步骤基本生产明细账。

（2）编制"产成品成本汇总计算表"，并作出产成品成本的会计分录。

实训成果

（1）第一步骤成本计算过程。

_____

_____

_____

_____

根据计算结果填制第一步骤 C 产品基本成本明细账，如表 9-15 所示。

表 9-15 　　　　　　　　　　**第一步骤基本生产成本明细账**

产品名称：C 产品 　　　　　　　　　2×19 年 9 月 　　　　　　　金额单位：元

项　　目	直接材料	直接人工	制造费用	合　　计
月初在产品成本				
本月生产费用				
合　　计				
本月产成品数量				
月末广义在产品数量				
约当总产量				
费用分配率				
应计入产成品的成本份额				
月末在产品成本				

（2）第二步骤成本计算过程。

_____

_____

_____

_____

根据计算结果填制第二步骤 C 产品基本成本明细账，如表 9-16 所示。

表 9-16   **第二步骤基本生产成本明细账**

产品名称：C 产品   2×19 年 9 月   金额单位：元

项　　目	直接材料	直接人工	制造费用	合　　计
月初在产品成本				
本月生产费用				
合　　计				
本月产成品数量				
月末广义在产品数量				
约当总产量				
费用分配率				
应计入产成品的成本份额				
月末在产品成本				

（3）第三步骤成本计算过程。

_____

_____

_____

_____

_____

_____

_____

_____

_____

根据计算结果填制第三步骤 C 产品基本成本明细账，如表 9-17 所示。

表 9-17   **第三步骤基本生产成本明细账**

产品名称：C 产品   2×19 年 9 月   金额单位：元

项　　目	直接材料	直接人工	制造费用	合　　计
月初在产品成本				
本月生产费用				
合　　计				
本月产成品数量				
月末广义在产品数量				
约当总产量				
费用分配率				
本月产成品数量				
应计入产成品的成本份额				
月末在产品成本				

（4）填制C产品成本汇总表，如表9-18所示。

表9-18　　　　　　　　　　　**产成品成本汇总计算表**

产品名称：C产品　　　　　　　　2×19年9月　　　　　　　　金额单位：元

摘　　要	直接材料	直接人工	制造费用	合　　计
第一步骤计入产成品成本的份额				
第二步骤计入产成品成本的份额				
第三步骤计入产成品成本的份额				
产成品总成本				
单位成本				

（5）编制结转本月完工入库产品的会计分录。

_____

_____

_____

_____

_____

_____

_____

2）定额比例法实训

资料：海星公司甲产品的生产成本计算采用平行结转分步法。该产品生产经过两个车间完成，第一车间为第二车间提供半成品，第二车间将半成品加工为产成品。每月月末进行在产品盘点。月末完工产品和在产品成本的分配采用定额比例法，其中材料费用按定额材料费用比例分配，其他费用按定额工时比例分配。定额资料如表9-19所示，本月实际发生的生产费用数据见第一、第二车间成本计算单。

表9-19　　　　　　　　　　**定额资料汇总表**　　　　　　　　金额单位：元

生产步骤	月初在产品		本月投入		产　成　品				
	材料费用	工时／小时	材料费用	工时／小时	单件材料定额	单件工时定额	产量／件	材料费用总额	工时总定额／小时
第一车间	5 000	200	18 000	1 100	100	6	200	20 000	1 200
第二车间		180		920		5	200		1 000
合　计	5 000	380	18 000	2 020	100	11		20 000	2 200

要求：计算各车间应计入完工甲产品成本中的份额，写出计算过程，并填制第一、第二车间产品成本计算单及甲产品成本汇总表，如表9-20～表9-22所示。（分配率保留到小数点后第二位）

 实训成果

表 9-20　　　　　　　　　　　　　　第一车间甲产品成本计算单　　　　　　　　　金额单位：元

项　目	产量/件	直接材料费用		定额工时/小时	直接人工费用	制造费用	合　计
		定额	实际				
月初在产品			5 500		200	600	
本月费用			19 580		4 778	7 391	
合　计			25 080		4 978	7 991	
分配率							
产成品中本步骤份额	200						
月末在产品							

分配率计算过程：_____

_____

_____

表 9-21　　　　　　　　　　　　　　第二车间甲产品成本计算单　　　　　　　　　金额单位：元

项　目	产量/件	直接材料费用		定额工时/小时	直接人工费用	制造费用	合　计
		定额	实际				
月初在产品					140	120	
本月费用					4 228	6 488	
合　计					4 368	6 608	
分配率							
产成品中本步骤份额	200						
月末在产品							

分配率计算过程：_____

表 9-22　　　　　　　　　　　　　　甲产品成本汇总表　　　　　　　　　金额单位：元

项　目	产成品数量/件	直接材料费用	直接人工费用	制造费用	合　计
第一车间					
第二车间					
合　计	200				
单位成本					

实训成绩：　　　　　　　　　　　　　　　　　　　　　　　　　年　月　日

5. 分组调研讨论

用我国 GDP 数据讨论新时代两步走战略的内容与意义。

实训项目十 分类法

一、基础知识归纳

分类法成本的计算程序如下。

（一）恰当划分产品类别

根据产品生产所用原材料、产品的结构和工艺过程划分产品类别。在进行产品分类时，不能追求核算简单化，将一些性质、结构和加工工艺过程相差悬殊的产品勉强合并，任意分类，以免影响成本计算的准确性。

（二）合理选择类别内部的费用分配标准

选择与产品各项耗费有密切联系的分配标准。在类内各种产品之间分配费用时，各成本项目可以按同一个分配标准进行分配，也可按照各成本项目的性质，分别采用不同的分配标准进行分配，以使分配结果更趋合理。例如，材料费用按材料定额比例，人工和制造费用按生产工时比例法分配。

（三）类内产品成本的分配方法

分配类内各完工产品成本的方法一般有系数分配法和定额比例法。

1. 系数分配法

在分类法下，对类内各种产品成本分配时，将分配标准折合成为标准系数，按系数将一类产品总成本在该类内部各种产品之间进行分配的方法，称为系数分配法。系数是指各种规格产品之间的比例关系。这种方法的关键是合理确定系数。系数一经确定，在一定时期内应稳定不变。

系数分配法的应用步骤如下。

（1）确定分配标准。一般有定额消耗量、定额费用、售价，以及产品的体积、长度和重量等技术指标。需说明的是，所选分配标准应与产品成本高低成正比例关系。

（2）标准系数的确定与折算。在同类产品中选择一种产销量大、生产稳定或规格适中的产品作为标准产品，将这种产品的分配标准系数确定为"1"，以其他产品的单位产品的分配标准与标准产品相比较，计算出各种产品的系数。

（3）折算标准产品的总产量。系数确定后，把各种产品的实际产量乘以各自的系数，折算成标准系数，即标准产量，并将各种产品折算成标准的产量相加，计算出总系数，即折算成标准产品的总产量。计算公式如下：

类内某产品标准产量 = 该产品实际产量 × 该产品系数

类内在产品标准约当产量 = 在产品数量 × 完工程度 × 该产品系数

类内产品标准总产量 = $\sum$（各种产品标准产量 + 类内在产品标准约当产量）

（4）分配类内各种（或各规格）产品的成本。按折算的总系数，即按标准产品的总产量的比例分配各类产品内每一品种或规格产品的成本。计算公式如下：

$$某项费用分配率 = \frac{该项费用总额}{类内产品标准总产量}$$

某产品负担的某项费用 = 该产品标准产量 × 某项费用分配率

在产品负担的某项费用 = 在产品标准约当产量 × 某项费用分配率

某产品的总成本 = $\sum$ 负担的各项费用

$$某产品完工产品的单位成本 = \frac{该产品总成本}{该产品完工产品数量}$$

提示：采用系数分配法，可按成本项目采用不同的分配标准，有不同的分配系数。

2. 定额比例法

在分类法下，计算类内产品的总成本也可以按类内各种产品的定额比例进行分配，即定额比例法。例如，直接材料费用可以按照材料定额消耗量或材料定额费用比例进行分配，直接人工等其他费用则可按照定额工时比例进行分配。

运用定额比例法分配类内完工产品和在产品成本，以及类内各种产品完工产品成本，计算步骤如下。

（1）分成本项目计算各类产品本月实际总成本。

（2）分成本项目计算各项费用分配率。直接材料按定额成本（定额耗用量）计算分配率，直接人工等其他费用按定额工时计算分配率。计算公式如下：

$$直接材料分配率 = \frac{某类产品耗用原材料总额}{某类产品的原材料定额成本（定额耗用量）} \times 100\%$$

$$直接人工分配率 = \frac{某类产品直接人工实际成本}{某类产品定额工时总数} \times 100\%$$

$$制造费用分配率 = \frac{某类产品制造费用实际成本}{某类产品定额工时总数} \times 100\%$$

（3）计算类内各种产品的实际成本。具体用类内各产品成本中，分成本项目计算的定额成本（定额耗用量）乘以相关的分配率，求出各产品的实际成本。计算公式如下：

某种产品原材料成本 = 该种产品的原材料定额成本（定额耗用量）×
直接材料分配率

某种产品工资、费用成本 = 该种产品定额工时 × 人工、费用分配率

在实际应用分类法进行成本核算时，可将系数法和定额比例法结合，同时使用对类内产品成本进行分配，如直接材料费用的分配采用系数法，直接人工等其他费用分配采用定额比例法（定额工时）。

二、实训项目设计

（一）能力目标

通过本项目实训，能够熟练掌握产品成本计算辅助方法分类法的基本原理与具体业务核算，达到提升实践操作能力的目标。

（二）思政目标

创新思维养成。

（三）任务描述

根据资料，按照分类法的基本原理进行成本核算，以及进行分类法的基本原理应用、副产品与等级产品的成本核算。

（四）项目训练

1.分类法的应用

资料：2×19 年 8 月某企业大量生产 A、B、C 三种产品，这三种产品的规格不同，但其结构相似，所用原材料相同，生产工艺过程也相近，原材料在生产开始时一次投入。为简化核算工作，将三种产品归为甲类，按分类法计算产品成本，类内 B 产品生产量较大并且销售稳定。该类产品本月发生的费用与月初在产品成本之和为 192 000 元，其中直接材料费用 100 000 元，直接人工 82 000 元，制造费用 10 000 元。本月 A、B、C 三种产品的完工产品与在产品的有关资料如表 10-1 所示。

表 10-1 月末产量及定额资料

产品名称	完工产品产量 / 件	在产品产量 / 件	在产品完工程度 /%	单位完工产品定额成本 / 元
A 产品	200	600	20	30
B 产品	300	400	25	60
C 产品	500	250	30	72

要求：根据上述资料，结合约当产量法将按类别归集的生产费用，采用系数分配法进行类内产品成本的分配。

 实训成果

（1）合理确定系数，填制系数计算表，如表 10-2 所示。

表 10-2 系数计算表

产品名称	单位定额成本	成本系数
A 产品		
B 产品		
C 产品		

（2）计算投料标准产量、投工标准产量，填制总系数计算表，如表 10-3 所示。

表 10-3 总系数计算表 单位：件

产品名称	系数	产成品		在产品约当产量				合计	
		数量	标准产量	数量	完工率	投料标准产量	投工标准产量	投料标准总产量	投工标准总产量
A									
B									
C									
合计									

（3）计算甲类完工产品成本与在产品成本，填制产品成本计算单，如表10-4所示。

表10-4

产品成本计算单

产品名称：甲类　　　　　　　　　　2×19年8月　　　　　　　　　金额单位：元

摘　　要	直接材料	直接人工	制造费用	合　　计
生产费用合计				
完工产品成本				
月末在产品成本				

（4）计算类内各种产品成本，并填制甲类产品成本计算单，如表10-5所示。

表10-5

甲类产品成本计算单

2×19年8月　　　　　　　　　金额单位：元

成本项目	甲类产品总成本	A		B		C	
		总成本	单位成本	总成本	单位成本	总成本	单位成本
直接材料							
直接人工							
制造费用							
合　　计							

（5）根据成本计算结果，编制结转A、B、C产品完工入库的会计分录。

2.副产品成本核算

资料：2×19年10月某企业在生产主要产品甲产品的同时，还附带生产一种副产品乙产品，甲、乙两产品联产阶段发生的直接材料总成本为336 250元，直接人工成本为62 400元，制造费用成本为37 600元。甲产品的产量为16 000千克；乙产品产量为1 000千克。乙产品分离后继续加工成丙产品，继续加工费用为1 050元，丙产品的产量为300千克，单位售价为30元，销售费用总额为600元，销售利润率为10%，税率为5%。

要求：

（1）计算甲、丙产品的总成本和单位成本。

（2）编制产品成本计算单及产品入库会计分录。

 实训成果

（1）计算甲、丙产品的总成本和单位成本。

_____

_____

_____

_____

_____

（2）填制产品成本计算单，如表10-6和表10-7所示。

表 10-6　　　　　　　　　产品成本计算单

产品：甲产品　　　　　　　　2×19 年 10 月　　　　　　　　金额单位：元

项 目	直接材料	直接人工	制造费用	合 计
生产费用合计				
结转乙产品成本				
甲产品总成本				
甲产品单位成本				

表 10-7　　　　　　　　　产品成本计算单

产品：丙产品　　　　　　　　2×19 年 10 月　　　　　　　　金额单位：元

项 目	直接材料	直接人工	制造费用	合 计
生产费用合计				
结转乙产品成本				
丙产品总成本				
丙产品单位成本				

（3）根据成本计算结果，编制结转甲、丙产品完工入库的会计分录。

_____

_____

_____

_____

3.等级产品成本核算

资料：2×19 年 10 月某电子元件厂本期共生产了晶体管 2 000 只，其中一级 1 000 只，二级 400 只，三级 600 只，各等级晶体管单位售价分别为 20 元、16 元和 14 元，全部联合成本采用分类法计算为 20 880 元。

要求：各等级产品成本按售价比例定出系数后进行分摊。

 实训成果

填制等级产品成本计算单，如表10-8所示。

表 10-8　　　　　　　　　等级产品成本计算单

2×19 年 10 月　　　　　　　　单位：元

产品等级	产量／只	单位售价	系数	标准产量	分配率	各产品分摊成本	单位成本
一级							
二级							
三级							
合计							

实训成绩：　　　　　　　　　　　　　　　　　　　　年　月　日

成本报表的编制与分析

实训项目十一　成本报表的编制与成本分析

一、基础知识归纳

（一）可比产品成本实际降低额和降低率的计算公式

$$可比产品成本实际降低额 = \sum 可比产品实际产量 \times \left(上年实际平均单位成本 - 本年实际平均单位成本 \right)$$

$$可比产品成本实际降低率 = \frac{可比产品成本实际降低额}{\sum \left(可比产品实际产量 \times 上年实际平均单位成本 \right)} \times 100\%$$

（二）因素分析法

不论是产品总成本因素分析，还是单位产品成本因素分析；不论是三因素分析还是两因素分析，均可采用连环替代法：将某一综合指标分解为若干个相互联系的因素，计算分析各项因素对综合指标变动影响程度的一种分析方法。

（1）模式：假定某综合经济指标 N 受 A、B、C 三个因素影响，关系式为 $N = A \cdot B \cdot C$。基期指标 N_0 由 A_0、B_0、C_0 组成，报告期指标 N_1 由 A_1、B_1、C_1 组成。

基期指标：　　　　　　　　　$N_0 = A_0 \cdot B_0 \cdot C_0$

报告期指标：　　　　　　　　$N_1 = A_1 \cdot B_1 \cdot C_1$

差异额：　　　　　　　　　　$G = N_1 - N_0 G$

（2）运用连环替代法分析三个因素变动对差异额 G 影响程度的计算程序如下。

基期指标	A_0	$\cdot B_0$	$\cdot C_0$	$= N_0$	
第一次替代	$\downarrow$				$N_2 - N_0$ 为 A 因素变动的影响
	A_1	$\cdot B_0$	$\cdot C_0$	$= N_2$	
第二次替代		$\downarrow$			$N_3 - N_2$ 为 B 因素变动的影响
	A_1	$\cdot B_1$	$\cdot C_0$	$= N_3$	
第三次替代			$\downarrow$		$N_1 - N_3$ 为 C 因素变动的影响
	A_1	$\cdot B_1$	$\cdot C_1$	$= N_1$	

将 A、B、C 三因素变动的影响相加：

$$（N_2 - N_0）+（N_3 - N_2）+（N_1 - N_3）= N_1 - N_0 = G$$

分析结果与分析对象相符合。

二、实训项目设计

（一）能力目标

通过本项目实训，能够熟练掌握成本报表的编制方法，并能进行成本分析，达到提升成本报表的编制与成本分析实践操作能力的目标。

（二）思政目标

遵纪守法、诚实守信素质养成，掌握分析问题的方法和提高分析问题的能力。

（三）任务描述

根据资料，按照成本报表编制方法与成本分析的基本原理进行成本报表编制与成本分析。

（四）项目训练

1. 编制按产品种类反映的产品生产成本表

资料：光华公司 2×19 年生产甲、乙、丙三种产品，其中，甲、乙为可比产品，丙产品当年投入生产，为不可比产品。相关资料如表 11-1 和表 11-2 所示。

表 11-1　　　　　　　　　　成本资料表　　　　　　　　　金额单位：元

项　目	历史先进水平	上年实际成本	本年计划成本
甲产品	260	280	270
乙产品	720	760	750
丙产品			125

表 11-2　　　　　　　　　　2×19 年产量及单位成本表

产品种类	产量 / 件			单位成本 / 元	
	本年计划	12 月	全年实际	12 月	本年累计实际平均
甲产品	480	50	500	272	275
乙产品	320	20	300	735	745
丙产品	80	8	70	128	126

要求：根据上述资料编制按产品种类反映的产品生产成本表。

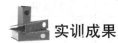 实训成果

产品生产成本表如表 11-3 所示。

表 11-3
产品生产成本表

2×19 年 12 月 31 日　　　　　　　　　　　　金额单位：元

产品名称		计量单位	实际产量		单位成本				本月总成本			本年累计总成本		
			本月	本年累计	上年实际平均	本年计划	本月实际	本年累计实际平均	按上年实际平均单位成本计算	按本年计划单位成本计算	本月实际	按上年实际平均单位成本计算	按本年计划单位成本计算	本年实际
可比产品	A	件												
	B	件												
	合计		—	—	—	—	—	—						
不可比产品	C	件												
	合计													
总计														

补充资料：本年累计实际数

1. 可比产品成本降低额：
2. 可比产品成本降低率：

2. 填制本期实际成本与上年实际成本的对比分析表

资料：沿用本项目训练 1 资料。

要求：进行本期实际成本与上年实际成本的对比分析，填制表 11-4。

表 11-4 　　　　　　　　**本期实际成本与上年实际成本的对比分析**

可比产品	总成本 / 元		实际降低指标	
	按上年实际平均单位成本计算	本年实际	降低额 / 元	降低率 /%
甲				
乙				
合计				

3. 练习按成本项目编制的成本报表的构成比率分析

资料：利得公司按成本项目编制的产品生产成本表，如表 11-5 所示。

表 11-5 　　　　　　　**产品生产成本表（按成本项目反映）**

2×19 年 12 月　　　　　　　　　　　　金额单位：元

项　　目		上年实际	本年计划	本月实际	本年累计实际
生产成本	直接材料	423 760	411 310	41 440	421 270
	直接人工	323 088	288 070	26 980	294 608
	制造费用	174 550	193 840	16 070	182 410
生产成本合计		921 398	893 220	84 490	898 288
加：在产品、自制半成品期初余额		46 360	47 920	4 510	38 498
减：在产品、自制半成品期末余额		38 498	39 860	6 330	50 230
产品生产成本合计		929 260	901 280	82 670	886 556

要求：按构成比率法进行成本分析。

实训成果

_____
_____
_____
_____
_____
_____
_____
_____
_____
_____

4. 按产品种类反映的产品生产成本表的分析

资料：根据表 11-6 和表 11-7 中的资料，按产品种类反映的产品生产成本表的分析。

要求：

（1）进行本期实际成本与上年实际成本的对比分析，填制表 11-6。

（2）进行可比产品成本降低计划的分析，填制表 11-7。

表 11-6　　　　　　　　可比产品成本实际升降情况分析表　　　　　金额单位：元

可比产品	总成本		实际降低指标	
	按上年实际评价单位成本计算	本年实际	降低额	降低率 /%
甲	140 000	137 500		
乙	228 000	223 500		
合　计	368 000	361 000		

表 11-7　　　　　　　　可比产品成本降低计划分析表　　　　　金额单位：元

可比产品	全年计划产量 / 件	单位成本		总　　成　　本		计划降低指标	
		上年实际平均	本年计划	按上年实际平均单位成本计算	按本年计划单位成本计算	降低额	降低率 /%
甲	480	280	270				
乙	320	760	750				
合计	—	—	—				

5. 产品单位成本的因素分析

1）直接材料成本的分析

资料：某企业生产的甲产品直接材料费用，如表 11-8 所示。

要求：采用连环替代法计算由于产品产量、单位产品材料消耗量和材料单价引起甲产品直接材料费用变动的三个因素分析。

表 11-8 甲产品直接材料费用

项 目	产品产量／件	单位产品消耗量／千克	材料单价／元	材料费用／元
计划	1 000	50	20	1 000 000
实际	1 200	48	22	1 267 200
差异	＋200	－2	＋2	＋267 200

 实训成果

2）直接人工成本的成本分析

资料：某企业实行计时工资制度，2×19 年 12 月生产 A 产品，A 产品每件所耗工时数和每小时工资成本的计划数与实际数，如表 11-9 所示。

表 11-9 A 产品直接人工与实际成本对比表

2×19 年 12 月 金额单位：元

项 目	单位产品所耗工时	每小时工资成本	直接人工成本
本年计划	13	90	1 170
本年实际	10.8	110	1 188
直接人工成本差异	－2.2	＋20	＋18

要求：采用差额计算分析法计算各因素的影响程度。

 实训成果

3）制造费用分析

资料：某企业 2×19 年 12 月生产甲产品实际产量为 800 件，实际工时 800 小时，实际发生变动制造费用 1 600 元；每件产品计划工时为 1.2 小时，变动制造费用计划分配率为 1.8 元／小时。当月实际发生固定制造费用 1 400 元，生产能力为 1 000 件，即

1 000 小时，固定制造费用计划分配率为 1.5 元 / 小时。

要求：

（1）进行变动制造费用的差异分析。

（2）进行固定制造费用的两因素分析。

（3）进行固定制造费用的三因素分析。

 实训成果

（1）变动制造费用差异分析。

_____

_____

_____

_____

（2）固定制造费用两因素分析。

_____

_____

_____

_____

（3）固定制造费用三因素分析。

_____

_____

_____

_____

_____

实训成绩：   年　月　日

实训项目十二　标准成本法计算

一、基础知识归纳

标准成本差异计算

标准成本核算系统是由标准成本、差异分析和差异处理三个部分组成，标准成本差异发生的原因很多，但归纳起来，不外乎数量差异和价格差异，包括直接材料成本差异、直接人工成本差异和制造费用差异三个部分。制造费用差异还可以进一步细分为变动制造费用差异和制造费用差异。实际成本低于标准成本为有利差异，表示成本节约，用负数表示；实际成本超过标准成本为不利差异，表示成本超支，用正数表示。成本差异汇总表如表 12-1 所示。

表 12-1　　　　　　　　　　　成本差异汇总表

差异	材料成本差异		数量差异＝（实际数量－标准数量）× 标准价格
			价格差异＝（实际价格－标准价格）× 实际数量
	人工成本差异		人工效率差异＝（实际工时－标准工时）× 标准工资率
			工资率差异＝（实际工资率－标准工资率）× 实际工时
	制造费用差异	变动性制造费用	效率差异＝（实际工时－标准工时）× 标准分配率
			耗费差异＝（实际分配率－标准分配率）× 实际工时
		固定性制造费用	耗费差异＝实际数－预算数
			能力差异＝预算数－标准分配率 × 实际工时
			效率差异＝（实际工时－标准工时）× 标准分配率

二、实训项目设计

（一）能力目标

通过本项目实训，能够熟练掌握标准成本法，达到提升实践操作能力的目标。

（二）思政目标

提升选择、判断事物正确标准的能力。

（三）任务描述

根据资料，采用标准成本法计算各项成本的价格差异与数量差异，计算产品成本，并编制相应的会计分录。

（四）项目训练

资料：A工厂是一家生产某种汽车零件的专业工厂，产品成本计算运用标准成本计算系统，并采用结转本期损益法处理成本差异，有关资料如下。

（1）成本差异账户包括：材料价格差异、材料数量差异、直接人工工资率差异、直接人工效率差异、变动制造费用效率差异、变动制造费用耗费差异、固定制造费用能量差异、固定制造费用耗费差异。

（2）原材料在生产开始时一次投入，除直接材料外的其他费用陆续发生，其在产品约当产成品的系数为：月初在产品0.6，月末在产品0.4。

（3）成本差异采用"结转本期损益法"，在每月末结转"主营业务成本"账户。

（4）单位产品标准成本为56元，其中：直接材料30元（10千克×3元/千克），直接人工16元（4小时×4元/小时），变动制造费用6元（4小时×1.5元/小时），固定制造费用4元（4小时×1元/小时）。

（5）本月生产能量11 000小时，月初在产品数量600件，本月投产数量2 500件，月末在产品数量700件，月初产品数量100件，月末产品数量120件。

（6）期初库存原材料1 000千克，本月购入原材料30 000千克，实际成本88 500元，增值税11 500元，已用支票支付；本月生产领用原材料25 500千克。

（7）实际耗用工时9 750小时；应付生产工人工资40 000元；实际发生变动制造费用15 000元；实际发生固定制造费用10 000元。

要求：

（1）编制以下业务的会计分录。

① 购入原材料。

② 领用原材料。

③ 将生产工人工资记入有关成本计算账户。

④ 结转本期变动制造费用。

⑤ 结转本期固定制造费用。

⑥ 完工产品入库。

⑦ 期末结转本期成本差异。

（2）计算本月的主营业务成本。

（3）计算期末存货成本。

 **实训成果**

（1）编制会计分录。

_____

_____

（2）计算本月主营业务成本。

_____

_____

（3）计算期末存货成本。

———————————————————————————————

———————————————————————————————

———————————————————————————————

实训成绩：   年　月　日

实训项目十三　作业成本法计算

一、基础知识归纳

作业成本法（activity-based costing，ABC）是以作业为中心，通过对作业及作业成本的确认、计量，最终计算产品成本的新型成本管理方法。

（一）传统成本核算方法与作业成本法的区别

作业成本法就是将间接成本和辅助费用更准确地分配到产品和服务的一种成本计算方法。

作业又可称为活动，是企业生产产品或提供劳务的各个工作程序或工作环节。比如，加工零件，检验零件，生产准备，运输物料，编写数控代码，更改工艺。

任何一项产品的形成都要消耗一定的作业。作业是连接资源和产品的纽带，它在消耗资源的同时生产出产品。作业成本法基本原理如图 13-1 所示。

图 13-1　作业成本法基本原理

（二）成本分配分三步进行

（1）资源分配到产品（直接消耗的材料、人工）。

（2）资源分配到作业。

（3）作业成本分配到产品。

作业分类及作业动因示例如表 13-1 所示。

表 13-1 作业分类及作业动因示例

作业类别	具体作业动因示例
单位级作业	产品或零部件产量、机器工时、人工工时、耗电度数等
批量级作业	采购次数、机器调整次数、生产准备次数、材料或半成品转移次数、抽样检验次数等
产品级作业	按产品品种计算的图纸制作份数，按产品品种计算的生产工艺改变次数，模具、样板制作数量，计算机控制系统和产品测试程序的开发，按品种下达的生产计划书份数等
生产维持级作业	设备数量、厂房面积等

作业的资源成本动因如表 13-2 所示。

表 13-2 作业的资源成本动因

作　业	资源成本动因
机器运行作业	机器小时
安装作业	安装小时
清洁作业	平方米
材料移动作业	搬运次数、搬运距离、吨、公里
人事管理作业	雇员人数、工作时间
能源消耗	电表、流量表、装机功率和运行时间
制作订单作业	订单数量
顾客服务作业	服务电话次数、服务产品品种数、服务时间

（三）用作业成本法核算成本

在确定了作业成本之后，根据作业成本动因计算单位作业成本，再根据作业量计算成本对象应负担的作业成本。

单位作业成本＝本期作业成本库归集总成本 ÷ 作业量

作业动因分为三类：业务动因、持续动因和强度动因。

（1）业务动因。业务动因通常以执行的次数作为作业动因，并假定执行每次作业的成本（包括耗用的时间和单位时间耗用的资源）相等，如前面所说的检验完工产品质量作业的次数就属于业务动因的范畴。计算公式如下：

分配率＝归集期内作业成本总成本 ÷ 归集期内总作业次数

某产品应分配的作业成本＝分配率 × 该产品耗用的作业次数

（2）持续动因。持续动因是指执行一项作业所需的时间标准。计算公式如下：

分配率＝归集期内作业成本总成本 ÷ 归集期内总作业时间

某产品应分配的作业成本＝分配率 × 该产品耗用的作业时间

（3）强度动因。强度动因是在某些特殊情况下，将作业执行中实际耗用的全部资源单独归集，并将该项单独归集的作业成本直接计入某一特定的产品。

在上述三类作业动因中，业务动因的精确度最差，但其执行成本最低；强度动因的精确度最高，但其执行成本最昂贵；而持续动因的精确度和成本则居中。

二、实训项目设计

（一）能力目标

通过本项目实训，能够熟练掌握作业成本法，达到提升实践操作能力的目标。

（二）思政目标

提升分析问题因果关系的能力。

（三）任务描述

（1）采用传统的完全成本法计算产品成本，填制成本计算单。

（2）采用作业成本法计算产品成本，填制作业成本分配率计算单及汇总成本计算单。

（四）项目训练

资料：东华公司的主要业务是生产服装服饰。该公司的服装车间生产3种款式的夹克衫和2种款式的休闲西服。夹克衫和西服分别由两个独立的生产线进行加工，每个生产线有自己的工厂技术部门。5款服装均按批组织生产，每批100件。

该公司本月每种款式的产量、直接人工和直接材料资料如表13-3所示。

表 13-3　　　　　　　　　产量、直接人工和直接材料资料　　　　　　　　单位：元

项　目	产　品					合　计
	夹克1	夹克2	夹克3	西服1	西服2	
本月批次	8	10	6	4	2	30
每批产量/件	100	100	100	100	100	
产量/件	800	1 000	600	400	200	3 000
每批直接人工	3 300	3 400	3 500	4 400	4 200	
直接人工总成本	26 400	34 000	21 000	17 600	8 400	107 400
每批直接材料成本	6 200	6 300	6 400	7 000	8 000	
直接材料总成本	49 600	63 000	38 400	28 000	16 000	195 000

本月制造费用发生额如表13-4所示。

表 13-4　　　　　　　　　　　制造费用发生额　　　　　　　　　　单位：元

项　目	金　额
生产准备、检验和供应成本（批次级成本）	84 000
夹克产品线成本（产品级作业成本）	54 000
西服产品线成本（产品级作业成本）	66 000
其他成本（生产维持级成本）	10 800
制造费用合计	214 800
制造费用分配率（直接人工）	200%

要求：

（1）按传统完全成本法计算成本。

（2）按作业成本法计算成本。

 实训成果

（1）按传统完全成本法计算成本。采用传统的完全成本法时，制造费用使用统一的分配率。完全成本法汇总成本计算单如表13-5所示。

制造费用分配率＝

表 13-5 　　　　　　　　　　　　　 **完全成本法汇总成本计算单** 　　　　　　　　　　单位：元

项　目	产　品					合计
	夹克 1	夹克 2	夹克 3	西服 1	西服 2	
直接人工						
直接材料						
制造费用分配率						
制造费用						
总成本						
每批成本						
每件成本						

（2）按作业成本法计算成本。作业成本分配的第一步是计算作业成本动因的单位成本，作业成本分配率计算单见表 13-6。

表 13-6 　　　　　　　　　　　　　 **作业成本分配率计算单**

作　业	成本 / 元	批次 / 批数	直接人工 / 元	分配率 /（元 / 批）
批次级作业成本				
夹克产品线成本				
西服产品线成本				
生产维持级成本				

作业成本分配的第二步是根据单位作业成本和作业量，将作业成本分配到产品，汇总成本计算单如表 13-7 所示。

表 13-7 　　　　　　　　　　　　　 **汇总成本计算单** 　　　　　　　　　　　　单位：元

项　目	产　品					合计
	夹克 1	夹克 2	夹克 3	西服 1	西服 2	
本月批次						
直接人工						
直接材料						
制造费用：						
批次相关成本						
分配率 /（元 / 批）						
批次相关总成本						
产品相关成本：						
分配率 /（元 / 批）						
产品相关总成本						
生产维持成本：						
分配率 /（元 / 每元直接人工成本）						
生产维持成本						

项　目	产　品					合计
	夹克 1	夹克 2	夹克 3	西服 1	西服 2	
间接费用合计						
总成本						
每批成本						
单件成本（作业成本法）						
单件成本（完全成本法）						
差异（作业成本－完全成本）						
差异率（差异／完全成本）						

实训成绩：　　　　　　　　　　　　　　　　　　　　　年　月　日

第二部分

全真业务实操

综合核算业务

实训基本资料

全真实训基本资料介绍

一、实训企业概况

星辰皮革制品有限公司，公司注册资本金 2 000 万元，拥有总资产 1.5 亿元，占地面积 50 亩。公司现有在职职工 300 余人。主导产品为中高档牛皮系列家具沙发革，拥有 100 万张牛皮沙发革的年生产能力。

二、主要产品及生产工艺

（一）主要产品

高档牛皮家具沙发革。

（二）生产工艺

为连续式大批量生产，按车间分为三个步骤完成。

三、生产流程及基本生产车间设置

（一）生产流程大致工序

"蓝皮" → "生皮" → 染色 → 绷板 → 磨革 → 刷浆 → 压花 → 入库。

（二）基本生产车间

根据皮革生产流程设置三个基本生产车间。

1. 水厂车间

主要生产任务是将原材料"蓝皮"加工成半成品"生皮"。

2. 染色车间

主要生产任务是将半成品"生皮"经过染色 → 绷板 → 磨革加工成半成品沙发革。

3. 装饰车间

主要生产任务是将已上色的沙发革通过刷浆、压花的生产过程形成最终的产成品——不同尺寸、花色的沙发革。

生产车间任务设置见表1。

表1 　　　　　　　　　　　　　　生产车间任务设置

任务　　　　　　　车间	水厂车间	染色车间	装饰车间
生产任务	"蓝皮"加工	染色、绷板、磨革	刷浆、压花
半（产）成品	"生皮"	沙发革	不同尺寸、花色沙发革

（三）辅助生产车间设置

根据生产需要设置机修和蒸汽两个辅助生产车间，为基本生产及经营管理部门提供劳务及蒸汽。

四、成本核算制度及生产费用的归集与分配

（一）成本核算制度

采用厂部集中核算与车间分散核算相结合的成本核算制度。

（二）生产费用的归集

1. 基本生产车间

原材料经过水厂、染色、装饰三个基本生产车间连续加工，采用逐步结转分步法计算产品成本，归集生产费用，各步骤按产品的品种设置"生产成本——基本生产成本"账户。成本项目设置"直接材料""直接人工""制造费用"，基本车间发生的各项生产管理等费用按车间设置"制造费用"账户归集。

（1）按照产品的生产步骤和产品品种设置产品成本明细账。

（2）各步骤的直接费用（直接材料费用、直接人工费用及其他直接费用），直接记入各步骤的成本明细账内，间接费用（制造费用）则要先归集，然后采用一定的分配方法，在各步骤之间进行分配之后再记入各步骤的成本明细账内。

（3）将上一步所产半成品的成本，随着半成品实物的转移，从上一步骤的成本明细账中转入下一步骤相同产品的明细账中，这样逐步计算出半成品成本直至最后一个步骤的产成品成本。

（4）月末，各生产步骤成本明细账中归集的各项生产费用（包括所耗上一步骤半成品的费用）要在完工的半成品（最后一步为产成品）和在产品之间分配，最后计算完工产品的总成本和单位成本。

2. 辅助生产车间

（1）机修车间。为企业各部门提供机修服务，设置"生产成本——辅助生产成本——机修车间"明细账，不设"制造费用"账户，以劳务作为成本核算对象，归集生产费用，采用品种法计算劳务费用。

（2）蒸汽车间。为企业各部门提供蒸汽，设置"生产成本——辅助生产成本——蒸汽车间"明细账，不设"制造费用"账户，以蒸汽作为成本核算对象，归集生产费

用，采用"品种法"计算蒸汽费用。

（三）生产费用的分配

1. 直接材料定额制度

原材料的定额成本按实际价格和实际消耗量确定。

2. 材料费用的分配

不同产品共同领用的原材料采用材料定额成本比例法在不同产品之间进行分配。

3. 生产工人薪酬、基本生产车间制造费用的分配方法

生产工人薪酬、基本生产车间制造费用的分配均采用生产产品定额工时比例进行分配。

4. 月末完工产品与在产品成本分配方法

采用约当产量法进行分配。

五、产品成本计算方法及费用、成本核算流程图

产品成本计算方法及费用、成本核算流程见图1。

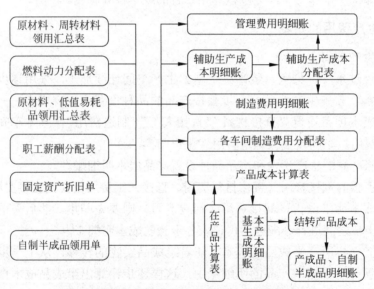

图1　产品成本计算方法及费用、成本核算流程

六、实训资料来源

本实训以星辰皮革有限公司2×19年12月产品生产情况为例。该企业2×19年12月主要生产"白色皮革"和"黑色皮革"两种产品，产品生产经过三个步骤完成，原材料在每道工序开始时一次投入，每个车间在产品完工程度均为50%。各步骤采用品种法归集生产费用，白色皮革采用逐步综合结转分步法进行成本核算，黑色皮革采用逐步分项结转分步法，各步骤完工产品不经过"半成品仓库"，直接转移到下一步继续生产，半成品的成本随产品实物一同转移到下一生产步骤。

七、实训操作要求

（1）使用蓝（黑）色墨水笔，不得使用铅笔和圆珠笔，红色墨水笔只能在划线结账、改错、冲销时使用。

（2）数字、文字书写要规范。大写数字用正楷或行书书写：壹、贰、叁、肆、伍、陆、柒、捌、玖、拾；小写数字使用阿拉伯数字，金额数字的填列到角分；文字、数字书写应紧靠行格底线，一般占格高的2/3，应留有适当空格，不可满格（整格）书写。

（3）凭证日期的填列，应以发生经济业务的日期为准，属于成本核算等转账业务（包括计提和分配费用）应当以当月最后的日期填写。

（4）凭证上的会计科目，凡一份记账凭证涉及科目较多，需要两份以上凭证时，应几份凭证为同一编号，如$2\frac{1}{3}$、$2\frac{2}{3}$、$2\frac{3}{3}$等表示。

（5）凭证的附件是记账凭证的原始依据，不得遗漏。同一天相同类型经济业务的原始凭证可合并编制一份记账凭证；一份原始凭证涉及几份记账凭证的，原始凭证可附在主要的记账凭证后，在其他记账凭证上注明附有原始凭证的记账凭证的编号。

（6）记账凭证登记入账后，在规定的地方打上已记入账的标记"√"。登记入账后发现错误，必须按错账更正规定的方法予以更正。

（7）登记账簿书写要规范化。结出余额后，余额方向栏注明"借"或"贷"，以示余额方向；没有余额的账户，应在栏内注明"平"，在余额金额"元"的格内注"0"记号。每登记完毕结转下页时，应结出本页合计数和余额，并在最后一行摘要栏内注明"过次页"，在下页第一行注明"承前页"。月终结账时，应结出每个账户的期末余额，在摘要栏内注明"本月合计"，并在下面划一条单红线；年终结账时，应在"本年累计"下划双红线。

八、实训操作程序

（1）根据上期总分类账及明细账的余额，建立本月账页。根据各账户所反映的经济内容，选择不同格式的账簿，登记期初余额。没有期初余额的账户，在实际经济业务发生时陆续开设。

（2）根据有关经济业务的原始凭证，在准确、审核无误的情况下，进行原始凭证汇总、分配各项生产费用，计算产品成本及产品成本结转，填制记账凭证。

（3）根据填制的记账凭证，经审核无误，逐笔登记与生产成本核算相关的明细账。

（4）期末对记账凭证进行汇总，编制"科目汇总表"，并登记与成本核算相关的总分类账户。

九、企业成本核算相关资料

（一）期初产品成本核算明细账

（1）主要产品成本期初明细账见表2。

（2）"辅助生产成本"账户期初无余额。

（3）"制造费用"账户期初无余额。

表2　　　　　　　　　　　　　　　11月末在产品成本明细账

2×19 年 11 月 30 日　　　　　　　　　　金额单位：元

项　　目		直接材料	直接人工	制造费用	合　　计
水厂车间	白色皮革	7 500	1 080	1 072	9 652
	黑色皮革	6 750	985	470	8 205
染色车间	白色皮革	4 500	600	520	5 620
	黑色皮革	5 400	600	520	6 520
装饰车间	白色皮革	3 000	105	150	3 255
	黑色皮革	4 200	640	290	5 130

注：染色车间与装饰车间生产的白色皮革和黑色皮革期初直接材料费用余额均为上步骤转入的半成品成本。

（二）本月主要产品生产情况

2×19 年 12 月产品投入量及产出量汇总表见表3。

表3　　　　　　　　　　　　12月产品投入量及产出量汇总表

2×19 年 12 月 31 日　　　　　　　　　　单位：平方英尺

生产情况 ╲ 车间		水厂车间	染色车间	装饰车间
月初在产品	白色皮革	300	300	200
	黑色皮革	150	360	280
本月投产	白色皮革	20 000	20 200	20 100
	黑色皮革	18 000	18 100	18 260
本月完工	白色沙发革	20 200	20 100	20 100
	黑色沙发革	18 100	18 260	18 450
月末在产品	白色沙发革	100	400	200
	黑色沙发革	50	200	90

（三）产品生产耗用工时总量

各车间产品生产工时统计表见表4。

表4　　　　　　　　　　　　各车间产品生产工时统计表

2×19 年 12 月　　　　　　　　　　计量单位：小时

车间 ╲ 产品生产工时	白色沙发革	黑色沙发革	合　　计
水厂车间	22 000	20 000	42 000
染色车间	20 000	18 000	38 000
装饰车间	16 500	15 000	31 500

（四）"原材料"账户期初余额

原材料 2×19 年 12 月期初余额见表5。

表 5 原材料 12 月期初余额

品　种	数　量	单价 / 元	金额 / 元
皮料 1-101	40 000 平方英尺	15	600 000
填充剂 2-201	800 千克	20	16 000
白色颜料膏 2-202	3 000 千克	16	48 000
黑色颜料膏 2-203	2 000 千克	16	32 000
树脂涂饰剂 2-204	4 500 千克	13	58 500
工作服 3-301	300 套	50	15 000
合　计			769 500

（五）企业实际经济业务原始凭证

（1）2×19 年 12 月有关主要原材料及低值易耗品领用凭证见表 6 ～ 表 18。

表 6　　　　　　　　　　　　　　　　领料单

领料部门：水厂车间　　　　　　　　　　　　　　　　编号：（略）

用　　途：白色沙发革　　　　　2×19 年 12 月　　　　仓库：蓝皮仓库

材料编号	材料名称及规格	计量单位	数　量		价格 / 元		备注
			计划领用	实际领用	单价	金　额	
主要材料 1-101	皮料	平方英尺	20 000	20 000	15	300 000	

领料部门负责人：王 玉　　　领料人：方 文　　　仓库负责人：李 立　　　发料人：陈 明

表 7　　　　　　　　　　　　　　　　领料单

领料部门：水厂车间　　　　　　　　　　　　　　　　编号：（略）

用　　途：黑色沙发革　　　　　2×19 年 12 月　　　　仓库：蓝皮仓库

材料编号	材料名称及规格	计量单位	数　量		价格 / 元		备注
			计划领用	实际领用	单价	金　额	
主要材料 1-101	皮料	平方英尺	16 000	16 000	15	240 000	

领料部门负责人：王　玉　　　领料人：方 文　　　仓库负责人：李 立　　　发料人：陈 明

表 8　　　　　　　　　　　　　　　　领料单

领料部门：水厂车间　　　　　　　　　　　　　　　　编号：（略）

用　　途：生产用　　　　　　　2×19 年 12 月　　　　仓库：化料仓库

材料编号	材料名称及规格	计量单位	数　量		价格 / 元		备注
			计划领用	实际领用	单价	金　额	
主要材料 2-201	填充剂	千克	756	756	20	15 120	

领料部门负责人：王 玉　　　领料人：方 文　　　仓库负责人：黄 华　　　发料人：余 新

表 9 　　　　　　　　　　　　　　　　　　　　　领料单

领料部门：染色车间　　　　　　　　　　　　　　　　　　　　　　　　　　编号：（略）
用　途：白色沙发革　　　　　　　　　2×19 年 12 月　　　　　　　　　　仓库：化料仓库

材料编号	材料名称及规格	计量单位	数量		价格/元		备注
			计划领用	实际领用	单价	金额	
主要材料 2-202	白色颜料膏	千克	2 500	2 500	16	40 000	

领料部门负责人： 谢 方 　　领料人： 肖 潇 　　仓库负责人： 黄 华 　　发料人： 余 新

表 10 　　　　　　　　　　　　　　　　　　　　　领料单

领料部门：染色车间　　　　　　　　　　　　　　　　　　　　　　　　　　编号：（略）
用　途：黑色沙发革　　　　　　　　　2×19 年 12 月　　　　　　　　　　仓库：化料仓库

材料编号	材料名称及规格	计量单位	数量		价格/元		备注
			计划领用	实际领用	单价	金额	
主要材料 2-203	黑色颜料膏	千克	1 800	1 800	16	28 800	

领料部门负责人： 谢 方 　　领料人： 肖 潇 　　仓库负责人： 黄 华 　　发料人： 余 新

表 11 　　　　　　　　　　　　　　　　　　　　　领料单

领料部门：装饰车间　　　　　　　　　　　　　　　　　　　　　　　　　　编号：（略）
用　途：白色沙发革　　　　　　　　　2×19 年 12 月　　　　　　　　　　仓库：化料仓库

材料编号	材料名称及规格	计量单位	数量		价格/元		备注
			计划领用	实际领用	单价	金额	
主要材料 2-204	树脂涂饰剂	千克	2 000	2 000	13	26 000	

领料部门负责人： 郑 旭 　　领料人： 陈 默 　　仓库负责人： 黄 华 　　发料人： 余 新

表 12 　　　　　　　　　　　　　　　　　　　　　领料单

领料部门：装饰车间　　　　　　　　　　　　　　　　　　　　　　　　　　编号：（略）
用　途：黑色沙发革　　　　　　　　　2×19 年 12 月　　　　　　　　　　仓库：化料仓库

材料编号	材料名称及规格	计量单位	数量		价格/元		备注
			计划领用	实际领用	单价	金额	
主要材料 2-204	树脂涂饰剂	千克	2 200	2 200	13	28 600	

领料部门负责人： 郑 旭 　　领料人： 陈 默 　　仓库负责人： 黄 华 　　发料人： 余 新

表 13 　　　　　　　　　　　　　　　　　　　　　领料单

领料部门：水厂车间　　　　　　　　　　　　　　　　　　　　　　　　　　编号：（略）
用　途：劳保　　　　　　　　　　　2×19 年 12 月　　　　　　　　　　仓库：五金仓库

材料编号	材料名称及规格	计量单位	数量		价格/元		备注
			计划领用	实际领用	单价	金额	
3-301	低值易耗品——工作服	套	90	90	50	4 500	

领料部门负责人： 王 玉 　　领料人： 方 文 　　仓库负责人： 黄 华 　　发料人： 余 新

表 14 领料单

领料部门：染色车间　　　　　　　　　　　　　　　　　　　　编号：（略）

用　途：劳保　　　　　　　　　2×19 年 12 月　　　　　　　　仓库：五金仓库

材料编号	材料名称及规格	计量单位	数　量		价格/元		备注
			计划领用	实际领用	单价	金　额	
3-301	低值易耗品——工作服	套	80	80	50	4 000	

领料部门负责人：谢 方　　　领料人：肖 潇　　　仓库负责人：黄 华　　　发料人：余 新

表 15 领料单

领料部门：装饰车间　　　　　　　　　　　　　　　　　　　　编号：（略）

用　途：劳保　　　　　　　　　2×19 年 12 月　　　　　　　　仓库：五金仓库

材料编号	材料名称及规格	计量单位	数　量		价格/元		备注
			计划领用	实际领用	单价	金　额	
3-301	低值易耗品——工作服	套	64	64	50	3 200	

领料部门负责人：郑 旭　　　领料人：陈 默　　　仓库负责人：黄 华　　　发料人：余 新

表 16 领料单

领料部门：机修车间　　　　　　　　　　　　　　　　　　　　编号：（略）

用　途：劳保　　　　　　　　　2×19 年 12 月　　　　　　　　仓库：五金仓库

材料编号	材料名称及规格	计量单位	数　量		价格/元		备注
			计划领用	实际领用	单价	金　额	
3-301	低值易耗品——工作服	套	10	10	50	500	

领料部门负责人：杨 明　　　领料人：韩 量　　　仓库负责人：黄 华　　　发料人：余 新

表 17 领料单

领料部门：蒸汽车间　　　　　　　　　　　　　　　　　　　　编号：（略）

用　途：劳保　　　　　　　　　2×19 年 12 月　　　　　　　　仓库：五金仓库

材料编号	材料名称及规格	计量单位	数　量		价格/元		备注
			计划领用	实际领用	单价	金　额	
3-301	低值易耗品——工作服	套	12	12	50	600	

领料部门负责人：郁 兰　　　领料人：王 斌　　　仓库负责人：黄 华　　　发料人：余 新

表 18 领料单

领料部门：管理部门　　　　　　　　　　　　　　　　　　　　编号：（略）

用　途：劳保　　　　　　　　　2×19 年 12 月　　　　　　　　仓库：五金仓库

材料编号	材料名称及规格	计量单位	数　量		价格/元		备注
			计划领用	实际领用	单价	金　额	
3-301	低值易耗品——工作服	套	30	30	50	1 500	

领料部门负责人：陈 彬　　　领料人：施 红　　　仓库负责人：黄 华　　　发料人：余 新

（2）2×19年12月应付职工薪酬汇总表见表19。

表19

应付职工薪酬汇总表

2×19年12月

金额单位：元

部门	人员类别	人数	基本工资	岗位津贴	加班补贴	应发工资	应扣工资		应付工资	代扣款项（个人缴纳部分）				合计	实发金额
							事假扣款	病假扣款		养老保险	住房公积金	医疗保险	失业保险		
水厂车间	生产工人	82	51 660	22 140	9 020	82 820	100		82 720	6 625.6	8 282	1 656.4	414.1	16 978.1	65 741.9
	管理人员	8	5 008	2 100	972	8 080			8 080	646.4	808	161.6	40.4	1 656.4	6 423.6
	小　计	90	56 668	24 240	9 992	90 900	100		90 800	7 272	9 090	1 818	454.5	18 634.5	72 165.5
染色车间	生产工人	74	47 212	19 817.2	9 190.8	76 220		150	76 070	6 097.6	7 622	1 524.4	381.1	15 625.1	60 444.9
	管理人员	6	3 831.6	1 606.8	741.6	6 180			6 180	494.4	618	123.6	30.9	1 266.9	4 913.1
	小　计	80	51 043.6	21 424	9 932.4	82 400		150	82 250	6 592	8 240	1 648	412	16 892	65 358
装饰车间	生产工人	60	39 060	16 380	7 560	63 000	200		62 800	5 040	6 300	1 260	315	12 915	49 885
	管理人员	4	2 604	1 092	504	4 200			4 200	336	420	84	21	861	3 339
	小　计	64	41 664	17 472	8 064	67 200	200		67 000	5 376	6 720	1 344	336	13 776	53 224
机修车间	生产工人	8	5 208	2 184	1 008	8 400	50		8 350	672	840	168	42	1 722	6 628
	管理人员	2	1 302	546	252	2 100			2 100	168	210	42	10.5	430.5	1 669.5
	小　计	10	6 510	2 730	1 260	10 500	50		10 450	840	1 050	210	52.5	2 152.5	8 297.5
蒸汽车间	生产工人	10	6 250	2 620	1 210	10 080		100	9 980	806.4	1 008	201.6	50.4	2 066.4	7 913.6
	管理人员	2	7 500	3 145	1 451	12 096			12 096	967.68	1 209.6	241.92	60.48	2 479.68	9 616.32
	小　计	12	13 750	5 765	2 661	22 176		100	22 076	1 774.08	2 217.6	443.52	110.88	4 546.08	17 529.92
厂部管理人员		30	37 800	13 500	2 700	54 000			54 000	4 320	5 400	1 080	270	11 070	42 930
销售人员		10	20 300	8 700		29 000			29 000	2 320	2 900	580	145	5 945	23 055
合　计		296	227 735.6	93 831	34 609.4	356 176	350	250	355 576	28 494.08	35 617.6	7 123.52	1 780.88	73 016.08	282 559.92

（3）2×19年12月电费及各部门用电记录见表20～表22（不考虑增值税）。

表20
杭州市电力公司电费结算单

2×19年12月30日

单　　位	星辰皮革制品有限公司	类型	工业	月份	12月
电表起讫数码	用电量／度	单价	金　额		
335015～353100	18 085	￥1.40	￥25 319		
金额人民币（大写）	贰万伍仟叁佰壹拾玖元整				

主管：徐江　　　　　复核：史强　　　　　　　　经办：王海

表21
委托收款凭证（付款通知）

委托日期：2×19年12月30日

付款人	全　　称	星辰皮革制品有限公司	收款人	全　　称	杭州市电力公司										
	账号或地址	02013456		账号或地址	32465187										
	开户银行	萧山建设支行		开户银行	东城区支行										
委托金额	人民币（大写）	贰万伍仟叁佰壹拾玖元整			仟	佰	拾	万	仟	佰	拾	元	角	分	
							￥	2	5	3	1	9	0	0
款项内容	电费		委托收款凭证名称			附寄单证张数		1张							
备注：	付款单位注意： 　　1. 根据结算方式规定，上列委托收款，如在付款期限内未拒付时，即视同全部同意付款，以此联代支付通知。 　　2. 如需提前付款或多付少付款时，应另写书面通知送银行办理。 　　3. 如系全部或部分拒付，应在付款期限内另填拒付款理由书送银行办理。						（付款人开户银行盖章） 　　　　年　月　日							

（竖排文字）此联是付款人开户银行给付款人按期付款的通知

表22
外购电力各部门用量表

2×19年12月

部　　门		用　　途	耗电量／度
基本生产车间	水厂车间	生产产品	3 600
	染色车间	生产产品	4 615
	装饰车间	生产产品	3 815
	小　计		12 030
辅助生产车间	机修车间	提供动力	1 560
	蒸汽车间	提供蒸汽	2 650
	小　计		4 210
基本生产车间	水厂车间	一般耗用	660
	染色车间	一般耗用	530
	装饰车间	一般耗用	350
	小　计		1 540
厂　部			305
合　计			18 085

（4）2×19年12月水费见表23和表24。用水量统计见表25。

表 23

杭州市供水公司水费结算单

2×19 年 12 月 30 日

单　　位	星辰皮革制品有限公司		计费月份	12 月
水表起讫数码	用水量/立方米	单价	金　额	备注
734205～745605	11 400	¥1.30	¥14 820	
金额人民币（大写）	壹万肆仟捌佰贰拾元整			

主管：韩冰　　　　复核：严华　　　　　　　经办：孟丽

表 24

委托收款凭证（付款通知）

委托日期：2×19 年 12 月 30 日

付款人	全　　称	星辰皮革制品有限公司	收款人	全　　称	杭州市自来水公司								
	账号或地址	02013456		账号或地址	18765432								
	开户银行	萧山建设支行		开户银行	西城区支行								
委托金额	人民币（大写）	壹万肆仟捌佰贰拾元整			仟	佰	拾	万	仟	佰	拾	元	角	分
							¥	1	4	8	2	0	0	0
款项内容	水费		委托收款凭证名称			附寄单证张数		1 张					
备注：		付款单位注意： 　　1. 根据结算方式规定，上列委托收款，如在付款期限内未拒付时，即视同全部同意付款，以此联代支付通知。 　　2. 如需提前付款或多付少付款时，应另写书面通知送银行办理。 　　3. 如系全部或部分拒付，应在付款期限内另填拒付款理由书送银行办理。				（付款人开户银行盖章） 　年　月　日						

此联是付款人开户银行给付款人按期付款的通知

表 25

外购水费用量统计表

2×19 年 12 月　　　　　　　　　　计量单位：立方米

部　　门	用水量
机修车间	1 500
蒸汽车间	2 810
水厂车间	3 420
染色车间	2 110
装饰车间	1 500
管理部门	60
合　　计	11 400

（5）各车间、各部门月初应计提折旧的固定资产折旧计提汇总表见表26（星辰公司采用分类折旧率计提折旧，房屋建筑类的月折旧率为0.4%，机器设备的月折旧率为0.5%）。

表 26

固定资产折旧计提汇总表

2×19 年 11 月　　　　　　　　　　　　　　　　　　金额单位：元

项　目		房屋建筑物（0.4%）		机器设备（0.5%）		合　计	
		原　值	折旧额	原　值	折旧额	原　值	折旧额
基本生产车间	水厂车间	256 000	1 024	520 000	2 600	776 000	3 624
	染色车间	380 000	1 520	750 000	3 750	1 130 000	5 270
	装饰车间	476 000	1 904	900 000	4 500	1 376 000	6 404
	小　计	1 112 000	4 448	2 170 000	10 850	3 290 000	15 298
辅助生产车间	机修车间	150 000	600	53 200	266	203 200	866
	蒸汽车间	210 000	840	60 000	300	270 000	1 140
	小　计	360 000	1 440	113 200	566	473 200	2 006
厂部		650 000	2 600	2 890 000	14 450	3 540 000	17 050
销售部门		550 000	2 200	350 000	1 750	900 000	3 950
合　计		2 672 000	10 688	5 523 200	27 616	8 203 200	38 304

主管：严　明　　　　　　审核：刘　丽　　　　　　制表：沈　晴

注：11 月染色车间、装饰车间分别购入生产设备 50 000 元、80 000 元，11 月厂部报废轿车一台，原值 110 000 元。

（6）2×19 年 12 月辅助生产车间动力、劳务供应及发生费用情况见表 27。

表 27　　　　　**辅助生产车间动力、劳务供应及发生费用情况表**

2×19 年 12 月 31 日

受益单位		供应量	蒸汽车间供应动力数量/立方米	机修车间提供劳务数量/小时
机修车间			20 000	
蒸汽车间				4 000
基本生产车间生产耗用	水厂车间	白色皮革	9 500	
		黑色皮革	7 500	
		小　计	17 000	
	染色车间	白色皮革	10 000	
		黑色皮革	8 600	
		小　计	18 600	
	装饰车间	白色皮革	8 500	
		黑色皮革	6 500	
		小　计	15 000	
基本生产车间一般消耗	水厂车间		9 400	5 600
	染色车间		10 500	4 200
	装饰车间		4 500	5 400
	小　计		24 400	15 200
企业行政管理一般消耗			5 000	800
合　计			100 000	20 000

实训操作一　材料费用的归集与分配

1. 实训目的

（1）能正确运用材料费用分配方法，归集和分配材料费用。

（2）能够正确编制材料费用分配表。

（3）熟练进行材料费用归集与分配的账务处理。

2. 实训程序与要求

（1）编制"发出材料汇总表"和"材料费用分配汇总表"，并编制转账凭证。

（2）按车间设置"生产成本——基本生产成本""生产成本——辅助生产成本""制造费用""原材料"明细账。

（3）各基本生产车间的"生产成本——基本生产成本"账户，按生产产品的品种设置"白色皮革"和"黑色皮革"两个明细账。

（4）"生产成本——辅助生产成本"账户分别按车间设置"机修""蒸汽"两个明细账。

（5）"制造费用"账户按车间分别设置"水厂车间""染色车间""装饰车间"三个明细账。机修和蒸汽两个辅助车间不设置"制造费用"账户，发生的费用全部由"辅助生产成本"账户归集。

（6）根据分配结果编制转账凭证，并登记有关明细账。

3. 实训设计

实训形式：本实训由成本管理员一人独立完成。

实训时间：本实训约需 4 学时。

4. 实训资料

（1）原材料仓库设置如下。

1 号库——皮革原料仓库，主要储存皮革原料（"蓝皮"）。

2 号库——化料仓库，主要储存树脂涂饰剂、填充剂和颜料膏等化学材料。

3 号库——五金仓库，主要储存各种五金材料。

4 号库——产成品仓库，主要储存生产完工的产成品。

（2）材料日常发出核算程序：各用料单位填制一式四联"领料单"，据以从材料仓库领用材料。月末，根据各种领料凭证进行汇总，由财务部门编制"材料费用分配汇总表"。

（3）本月生产的"白色皮革"和"黑色皮革"需经三个生产步骤完成，原材料在每一步骤生产开始时一次投入，共同领用原材料采用材料定额成本法进行分配。因企业规定产品以实际价格与实际消耗量作为定额，则白色皮革、黑色皮革共同领用的材料费用按直接消耗材料费用的比例进行分配。

（4）基本生产车间产品直接领用或分配计入的原材料作为直接材料费用，按产品记入"生产成本——基本生产成本"账户的"直接材料"项目，各基本生产车间非生产领用原材料记入"制造费用"账户。

（5）辅助车间领用的原材料，因辅助生产车间不设"制造费用"账户，不论生产领用还是管理使用均直接记入"生产成本——辅助生产成本"账户；其他部门领用记入相关账户。

5. 实训成果

发出材料汇总表

年　月　日

领料部门及用途		材料种类	材料品种	数量	单价/元	合计/元
基本生产耗用	水厂车间	白色皮革				
		黑色皮革				
		白、黑色皮革共同耗用				
		小　计	—	—	—	
	染色车间	白色皮革				
		黑色皮革				
		小　计	—	—	—	
	装饰车间	白色皮革				
		黑色皮革				
		小　计	—	—	—	
基本车间耗用		水厂车间				
		染色车间				
		装饰车间				
		小　计	—	—	—	
辅助生产车间耗用		机修车间				
		蒸汽车间				
		小　计	—	—	—	
厂部管理部门耗用						
合　计			—	—	—	

原材料费用分配表

年　月　日　　　　　　　　　　　　　　金额单位：元

应借账户			成本项目或明细项目	直接计入	分配计入			合计
					分配标准	分配率	分配额	
生产成本——基本生产成本	水厂车间	白色皮革	直接材料					
		黑色皮革	直接材料					
		小　计						
	染色车间	白色皮革	直接材料					
		黑色皮革	直接材料					
		小　计						
	装饰车间	白色皮革	直接材料					
		黑色皮革	直接材料					
		小　计						

应借账户		成本项目或明细项目	直接计入	分配计入			合计
				分配标准	分配率	分配额	
生产成本——辅助生产成本	机修车间	低值易耗品					
	蒸汽车间	低值易耗品					
	小　计						
制造费用	水厂车间	低值易耗品					
	染色车间	低值易耗品					
	装饰车间	低值易耗品					
	小　计						
管理费用		低值易耗品					
合　计							

转 账 凭 证

年　月　日　　　　　　　　转字　号　总字　号

摘要	总账科目	明细科目	借方金额								记账符号	贷方金额								记账符号
			拾	万	仟	佰	拾	元	角	分		拾	万	仟	佰	拾	元	角	分	
附单据　张　合　计																				

会计主管人员：　　　　记账：　　　　稽核：　　　　制表：

转 账 凭 证

年　月　日　　　　　　　　转字　号　总字　号

摘要	总账科目	明细科目	借方金额								记账符号	贷方金额								记账符号
			拾	万	仟	佰	拾	元	角	分		拾	万	仟	佰	拾	元	角	分	
附单据　张　合　计																				

会计主管人员：　　　　记账：　　　　稽核：　　　　制表：

生产成本明细账

账户:

产品:

完工产量:　　　在产品产量:　　　完工率:　　　金额单位: 元

年		凭证号码	摘　要	成　本　项　目				合　计
月	日			半成品	直接材料	直接人工	制造费用	

生产成本明细账

账户：
产品：

完工产量：　　　在产品产量：　　　完工率：　　　金额单位：元

年		凭证号码	摘要	成 本 项 目				合 计
月	日			半成品	直接材料	直接人工	制造费用	

生产成本明细账

账户：
产品：

完工产量：　　　　在产品产量：　　　　完工率：　　　　金额单位：元

年		凭证号码	摘要	成 本 项 目				合 计
月	日			半成品	直接材料	直接人工	制造费用	

生产成本明细账

账户：

产品：			完工产量：		在产品产量：			完工率：		金额单位：元

| 年 | | 凭证号码 | 摘要 | 成 本 项 目 | | | | | 合 计 |
月	日			半成品	直接材料	直接人工	制造费用	

生产成本明细账

账户：
产品：　　　　　完工产量：　　　　　在产品产量：　　　　　完工率：　　　　　金额单位：元

年		凭证号码	摘要	成本项目				合计
月	日			直接材料	半成品	直接人工	制造费用	

生产成本明细账

账户：

产品：　　　　　完工产量：　　　　　生产品产量：　　　　　完工率：　　　　　金额单位：元

年		凭证号码	摘要	成本项目				合计
月	日			半成品	直接材料	直接人工	制造费用	

生产成本明细账

账户：
产品：

完工产量：
在产品产量：
完工率：
金额单位：元

年		凭证号码	摘要	成本项目				合计
月	日			直接材料	半成品	直接人工	制造费用	

生产成本明细账

账户：
产品：　　　　　完工产量：　　　　　在产品产量：　　　　　完工率：　　　　　金额单位：元

年		凭证号码	摘要	成本项目				合计
月	日			直接材料	直接人工	制造费用	半成品	

制造费用明细账

车间：
金额单位：元

年		凭证号码	摘要	明细项目							合计
月	日			材料费	工资	福利费	水费	动力费	折旧费	其他	

车间：

制造费用明细账

金额单位：元

年		凭证号码	摘要	明　细　项　目							合计
月	日			材料费	工资	福利费	水费	动力费	折旧费	其他	

车间:
金额单位: 元

制造费用明细账

| 年 | | 凭证号码 | 摘要 | 明细项目 | | | | | | | 合计 |
月	日			材料费	工资	福利费	水费	动力费	折旧费	其他	

原材料明细账

最高存量：
最低存量：
类别：

存储处所：　　　规格：　　　单位：　　　明细科目：　　　金额单位：

年		凭证号码	摘要	收　入			发　出			结　余			核对号
月	日			数量	单价	金额	数量	单价	金额	数量	单价	金额	

原材料明细账

最高存量：
最低存量：
类别：　　　存储处所：　　　规格：　　　单位：　　　明细科目：
金额单位：

年		凭证号码	摘要	收入			发出			结存			核对号
月	日			数量	单价	金额	数量	单价	金额	数量	单价	金额	

原材料明细账

最高存量：
最低存量：
类别：

存储处所：
规格：
单位：

明细科目：
金额单位：

年		凭证号码	摘要	收　入			发　出				结　余			核对号
月	日			数量	单价	金额	数量	单价	金额	数量	单价	金额		

原材料明细账

最高存量：
最低存量：
类别：　　　　存储处所：　　　　规格：　　　　单位：　　　　明细科目：　　　　金额单位：

年		凭证号码	摘要	收入			发出			结余			核对号
月	日			数量	单价	金额	数量	单价	金额	数量	单价	金额	

原材料明细账

最高存量：
最低存量：
类别：

存储处所：　　　　规格：　　　　单位：　　　　明细科目：
　　　　　　　　　　　　　　　　　　　　　　　　金额单位：

年		凭证号码	摘要	收　入			发　出			结　余			核对号
月	日			数量	单价	金额	数量	单价	金额	数量	单价	金额	

原材料明细账

最高存量：
最低存量：
类别：

存储处所：　　　　　　　　规格：　　　　　　　　单位：　　　　　　　　明细科目：
金额单位：

年		凭证号码	摘要	收　入			发　出			结　余			核对号
月	日			数量	单价	金额	数量	单价	金额	数量	单价	金额	

实训操作二　应付职工薪酬费用的归集与分配

1. 实训目的

（1）了解工资的组成内容。

（2）掌握各项福利费用的计提方法。

（3）熟练掌握应付职工薪酬费用的归集与分配的方法及账务处理。

2. 实训程序与要求

（1）根据"应付职工薪酬汇总表"编制"职工薪酬分配表"。

（2）编制"职工薪酬（福利费）及有关经费提存表"。

（3）根据编制的"职工薪酬分配表"和"职工薪酬（福利费）及其他费用提存表"编制转账凭证（编制转账凭证时"应付职工薪酬"明细科目略）。

（4）根据编制的转账凭证登记"基本生产成本""辅助生产成本""制造费用"等有关明细账。

3. 实训设计

实训形式：本实训由成本管理员一人独立完成。

实训时间：本实训约需 2 学时。

4. 实训资料

（1）星辰皮革制品有限公司实行计时工资制度，各车间、各部门人员薪酬由所在车间或部门将有关原始依据报至人事科，人事科汇总整理后通知财务科，由工资核算员按车间、部门编制工资结算表。

（2）各基本生产车间按步骤生产"白、黑皮革"两种产品，生产工人的薪酬、福利费及有关费用按产品实际工时比例分配，记入该产品生产成本明细账"直接人工"项目。

（3）辅助生产车间生产工人薪酬、福利费及有关经费，可直接记入辅助生产成本的明细账"直接人工"项目。

（4）根据所在地政府的规定，公司分别按照职工工资总额的 12%、10%、2% 和 10% 计提由企业负担的养老保险费、医疗保险费、失业保险费和住房公积金，缴纳给当地社会保险经办机构和住房公积金管理机构。公司内设职工食堂，根据 2×18 年实际发生的职工福利费情况，公司预计 2×19 年应承担的职工福利费计提金额为职工工资总额的 2%，职工福利的受益对象为上述所有人员。公司分别按照职工工资总额的 2% 计提工会经费和职工教育经费。

（5）分配过程中计算的分配率保留 0.000 1，金额保留 0.01。

5. 实训成果

职工薪酬分配表

年　月

车间部门			工资			合计/元
			分配标准/工时	分配率/（元/小时）	金额/元	
基本生产成本	水厂车间	白色皮革				
		黑色皮革				
		小　计				
	染色车间	白色皮革				
		黑色皮革				
		小　计				
	装饰车间	白色皮革				
		黑色皮革				
		小　计				
辅助生产成本	机修车间					
	蒸汽车间					
	小　计					
制造费用	水厂车间					
	染色车间					
	装饰车间					
	小　计					
销售部门						
管理部门						
合　计						

职工薪酬（福利费）及其他费用提存表

年　月　　　　　金额单位：元（保留 0.01）

车间部门			应付工资	福利费（2%）	工会经费（2%）	职工教育经费（2%）	养老保险金（12%）	失业保险金（2%）	医疗保险金（10%）	住房公积金（10%）	各项福利费合计（40%）
基本生产成本	水厂车间	白色皮革									
		黑色皮革									
		小　计									
	染色车间	白色皮革									
		黑色皮革									
		小　计									
	装饰车间	白色皮革									
		黑色皮革									
		小　计									
辅助生产成本	机修车间										
	蒸汽车间										
	小　计										
制造费用	水厂车间										
	染色车间										
	装饰车间										
	小　计										
销售部门											
管理部门											
合　计											

转 账 凭 证

年　月　日　　　　　　　　转字　号　总字　号

摘要	总账科目	明细科目	借方金额								记账符号	贷方金额								记账符号
			拾	万	仟	佰	拾	元	角	分		拾	万	仟	佰	拾	元	角	分	
附单据　张　合　计																				

会计主管人员：　　　　记账：　　　　稽核：　　　　制表：

转 账 凭 证

年　月　日　　　　　　　　转字　号　总字　号

摘要	总账科目	明细科目	借方金额								记账符号	贷方金额								记账符号
			拾	万	仟	佰	拾	元	角	分		拾	万	仟	佰	拾	元	角	分	
附单据　张　合　计																				

会计主管人员：　　　　记账：　　　　稽核：　　　　制表：

转 账 凭 证

年　月　日　　　　　　　　转字　号　总字　号

摘要	总账科目	明细科目	借方金额								记账符号	贷方金额								记账符号
			拾	万	仟	佰	拾	元	角	分		拾	万	仟	佰	拾	元	角	分	
附单据　张　合　计																				

会计主管人员：　　　　记账：　　　　稽核：　　　　制表：

转 账 凭 证

年　月　日　　　　　　　　　　　转字　号　总字　号

摘要	总账科目	明细科目	借方金额								记账符号	贷方金额								记账符号
			拾	万	仟	佰	拾	元	角	分		拾	万	仟	佰	拾	元	角	分	
附单据　张　合　计																				

会计主管人员：　　　　　记账：　　　　　稽核：　　　　　制表：

转 账 凭 证

年　月　日　　　　　　　　　　　转字　号　总字　号

摘要	总账科目	明细科目	借方金额								记账符号	贷方金额								记账符号
			拾	万	仟	佰	拾	元	角	分		拾	万	仟	佰	拾	元	角	分	
附单据　张　合　计																				

会计主管人员：　　　　　记账：　　　　　稽核：　　　　　制表：

转 账 凭 证

年　月　日　　　　　　　　　　　转字　号　总字　号

摘要	总账科目	明细科目	借方金额								记账符号	贷方金额								记账符号
			拾	万	仟	佰	拾	元	角	分		拾	万	仟	佰	拾	元	角	分	
附单据　张　合　计																				

会计主管人员：　　　　　记账：　　　　　稽核：　　　　　制表：

实训操作三　外购动力费用的归集与分配

1. 实训目的

熟练掌握外购动力费用归集及分配的账务处理。

2. 实训程序与要求

（1）分配外购电费，生产产品共同耗用采用工时比例法进行分配。

（2）根据费用分配表编制转账凭证。该企业应支付的电费不通过"应付账款"账户核算，付款时直接借记"成本费用"账户，贷记"银行存款"账户。

（3）根据编制的转账凭证登记有关明细账。

3. 实训设计

实训形式：本实训由成本管理员一人独立完成。

实训时间：本实训约需 2 学时。

4. 实训资料

分配电力费用过程中计算的分配率保留 0.000 1，金额保留 0.01。

5. 实训成果

外购电费分配表

年　月　　　　　　　　　　金额单位：元（保留 0.01）

车间部门			电费					合计
			电费单价	耗用量/度	分配标准/工时	分配率	金额	
基本生产成本	水厂车间	白色皮革						
		黑色皮革						
		小　计						
	染色车间	白色皮革						
		黑色皮革						
		小　计						
	装饰车间	白色皮革						
		黑色皮革						
		小　计						
辅助生产成本	机修车间							
	蒸汽车间							
	小　计							
制造费用	水厂车间							
	染色车间							
	装饰车间							
	小　计							
管理部门								
合　计								

付 款 凭 证

贷方科目：　　　　　　　　　　　年　月　日　　　　　　　付字　号　总字　号

摘　要	借方科目		金　额										记账符号
	总账科目	明细科目	亿	仟	佰	拾	万	仟	佰	拾	元	角	分	
附单据　张	合　计												

会计主管：　　　　　记账：　　　　　稽核：　　　　　制单：

付 款 凭 证

贷方科目：　　　　　　　　　　　年　月　日　　　　　　　付字　号　总字　号

摘　要	借方科目		金　额										记账符号
	总账科目	明细科目	亿	仟	佰	拾	万	仟	佰	拾	元	角	分	
附单据　张	合　计												

会计主管：　　　　　记账：　　　　　稽核：　　　　　制单：

实训操作四　折旧费用及其他费用的归集与分配

1. 实训目的

熟练掌握折旧费用的归集与分配的账务处理。

2. 实训程序与要求

（1）根据用水耗用量统计表分配外购水费。

（2）编制支付本月水费的付款凭证。

（3）编制固定资产折旧费用分配表。

（4）编制分配财产保险费及报纸杂志费等预付费用的转账凭证。

（5）根据折旧费用分配表编制转账凭证。

（6）根据编制的付款及转账凭证登记有关明细账。

3. 实训设计

实训形式：本实训由成本管理员一人独立完成。

实训时间：本实训约需 2 学时。

4. 实训资料

预付费用分配表

2×19 年 12 月　　　　　　　　　　　　　　　金额单位：元

科目 \ 项目		财产保险费			报纸杂志费			合计
		实付额	分摊月数/月	本月摊销额	实付额	分摊月数/月	本月摊销额	
制造费用	水厂车间	2 592	12	216	1 560	12	130	346
	染色车间	3 300	12	275	888	12	74	349
	装饰车间	4 596	12	383	1 068	12	89	472
	小　计	10 488	12	874	3 516	12	293	1 167
辅助生产成本	机修车间	1 500	12	125	672	12	56	181
	蒸汽车间	2 100	12	175	552	12	46	221
	小　计	3 600	12	300	1 224	12	102	402
管理费用	厂部	6 492	12	541	3 792	12	316	857
销售费用	销售部门	2 496	12	208	1 092	12	91	299
合　计		23 076	12	1 923	9 624	12	802	2 725

外购水费分配表

2×19 年 12 月

车间部门		水费		
		水费单价/元	耗用量/立方米	金额/元
辅助生产成本	机修车间	1.3	1 500	1 950
	蒸汽车间	1.3	2 810	3 653
	小　计	1.3	4 310	5 603
制造费用	水厂车间	1.3	3 420	4 446
	染色车间	1.3	2 110	2 743
	装饰车间	1.3	1 500	1 950
	小　计	1.3	7 030	9 139
管理部门		1.3	60	78
合　计		1.3	11 400	14 820

5. 实训成果

固定资产折旧费用分配表

年 月 金额单位：元

使用部门		上月固定资产折旧额	上月增加固定资产应提折旧额	上月减少固定资产应提折旧额	本月固定资产折旧额
基本生产车间	水厂车间				
	染色车间				
	装饰车间				
	小 计				
辅助生产车间	机修车间				
	蒸汽车间				
	小 计				
厂部					
销售部门					
合 计					

付 款 凭 证

贷方科目： 年 月 日 付字 号 总字 号

摘 要	借方科目		金 额											记账符号
	总账科目	明细科目	亿	仟	佰	拾	万	仟	佰	拾	元	角	分	
附单据 张	合 计													

会计主管： 记账： 稽核： 制单：

转 账 凭 证

年 月 日 转字 号 总字 号

摘要	总账科目	明细科目	借方金额								记账符号	贷方金额								记账符号
			拾	万	仟	佰	拾	元	角	分		拾	万	仟	佰	拾	元	角	分	
附单据 张 合 计																				

会计主管人员： 记账： 稽核： 制表：

转 账 凭 证

年 月 日　　　　　　　转字　号　总字　号

摘要	总账科目	明细科目	借方金额								记账符号	贷方金额								记账符号
			拾	万	仟	佰	拾	元	角	分		拾	万	仟	佰	拾	元	角	分	
附单据　张	合 计																			

会计主管人员：　　　　记账：　　　　　稽核：　　　　制表：

转 账 凭 证

年 月 日　　　　　　　转字　号　总字　号

摘要	总账科目	明细科目	借方金额								记账符号	贷方金额								记账符号
			拾	万	仟	佰	拾	元	角	分		拾	万	仟	佰	拾	元	角	分	
附单据　张	合 计																			

会计主管人员：　　　　记账：　　　　　稽核：　　　　制表：

转 账 凭 证

年 月 日　　　　　　　转字　号　总字　号

摘要	总账科目	明细科目	借方金额								记账符号	贷方金额								记账符号
			拾	万	仟	佰	拾	元	角	分		拾	万	仟	佰	拾	元	角	分	
附单据　张	合 计																			

会计主管人员：　　　　记账：　　　　　稽核：　　　　制表：

实训操作五　辅助生产费用的归集与分配

1. 实训目的

熟练掌握辅助生产费用的归集与分配的账务处理。

2. 实训程序与要求

（1）练习直接分配法、交互分配法、计划分配法（机修计划单位成本 1.4 元，蒸汽计划单位成本 0.5 元）、顺序分配法、代数分配法分配辅助生产费用，编制"辅助生产费用分配表"（除代数分配法分配率精确到 0.01，其他方法分配率精确到 0.000 1，分配额保留至 0.01，尾差由管理费用承担）。

（2）星辰公司采用交互分配法分配辅助生产费用，按交互分配法分配结果编制转账凭证。

（3）根据编制的转账凭证登记"基本生产成本""辅助生产成本""制造费用"明细账。

3. 实训设计

实训形式：本实训由成本核算员一人独立完成。

实训时间：本实训约需 4 学时。

4. 实训资料

根据实训操作一—实训操作四有关资料归集的辅助生产成本明细账归集的辅助生产费用总额。

5. 实训成果

辅助生产车间发生费用分配表（直接分配法）

年　月　日

受益单位 ＼ 供应量	蒸汽车间		机修车间		合计 / 元
	供应量 / 立方米	金额 / 元	劳务量 / 小时	金额 / 元	
待分配费用					
供应辅助生产以外的劳务数量					
单位成本（分配率）					
基本生产车间生产费用 水厂车间 白色皮革					
基本生产车间生产费用 水厂车间 黑色皮革					
基本生产车间生产费用 水厂车间 小　计					
基本生产车间生产费用 染色车间 白色皮革					
基本生产车间生产费用 染色车间 黑色皮革					
基本生产车间生产费用 染色车间 小　计					
基本生产车间生产费用 装饰车间 白色皮革					
基本生产车间生产费用 装饰车间 黑色皮革					
基本生产车间生产费用 装饰车间 小　计					
基本生产车间一般消耗 水厂车间					
基本生产车间一般消耗 染色车间					
基本生产车间一般消耗 装饰车间					
基本生产车间一般消耗 小　计					
企业行政管理一般消耗					
合　计					

分录：

辅助生产车间发生费用分配表（交互分配法）

年　月　日

受益单位 \ 供应量		蒸汽车间		机修车间		合计／元
		供应量／立方米	金额／元	劳务量／小时	金额／元	
待分配费用						
交互分配	单位成本（分配率）					
	蒸汽车间					
	机修车间					
对外分配辅助生产费用						
对外分配单位成本（分配率）						
基本生产车间生产费用	水厂车间 白色皮革					
	水厂车间 黑色皮革					
	水厂车间 小　计					
	染色车间 白色皮革					
	染色车间 黑色皮革					
	染色车间 小　计					
	装饰车间 白色皮革					
	装饰车间 黑色皮革					
	装饰车间 小　计					
基本生产车间一般消耗	水厂车间					
	染色车间					
	装饰车间					
	小　计					
企业行政管理一般消耗						
合　计						

转 账 凭 证

年　月　日　　　　　　　　　　转字　号　总字　号

摘要	总账科目	明细科目	借方金额								记账符号	贷方金额								记账符号
			拾	万	仟	佰	拾	元	角	分		拾	万	仟	佰	拾	元	角	分	
附单据　张　合　计																				

会计主管人员：　　　　记账：　　　　稽核：　　　　制表：

转 账 凭 证

年　月　日　　　　　　　转字　号　总字　号

摘要	总账科目	明细科目	借方金额								记账符号	贷方金额								记账符号
			拾	万	仟	佰	拾	元	角	分		拾	万	仟	佰	拾	元	角	分	
附单据　张　合　计																				

会计主管人员：　　　　记账：　　　　稽核：　　　　制表：

转 账 凭 证

年　月　日　　　　　　　转字　号　总字　号

摘要	总账科目	明细科目	借方金额								记账符号	贷方金额								记账符号
			拾	万	仟	佰	拾	元	角	分		拾	万	仟	佰	拾	元	角	分	
附单据　张　合　计																				

会计主管人员：　　　　记账：　　　　稽核：　　　　制表：

转 账 凭 证

年　月　日　　　　　　　转字　号　总字　号

摘要	总账科目	明细科目	借方金额								记账符号	贷方金额								记账符号
			拾	万	仟	佰	拾	元	角	分		拾	万	仟	佰	拾	元	角	分	
附单据　张　合　计																				

会计主管人员：　　　　记账：　　　　稽核：　　　　制表：

辅助生产车间发生费用分配表（顺序分配法）
年　月　日

受益单位 ＼ 供应量			蒸汽车间		机修车间		合计／元
			供应量／立方米	金额／元	劳务量／小时	金额／元	
待分配费用							
劳务单位成本（分配率）							
辅助生产车间		蒸汽车间					
		机修车间					
基本生产车间生产费用	水厂车间	白色皮革					
		黑色皮革					
		小　计					
	染色车间	白色皮革					
		黑色皮革					
		小　计					
	装饰车间	白色皮革					
		黑色皮革					
		小　计					
基本生产车间一般消耗		水厂车间					
		染色车间					
		装饰车间					
		小　计					
企业行政管理一般消耗							
合　计							

分录：

辅助生产车间发生费用分配表（代数分配法）
年　月　日

受益单位 ＼ 供应量			蒸汽车间		机修车间		合计／元
			供应量／立方米	金额／元	劳务量／小时	金额／元	
待分配费用							
单位成本（分配率）							
辅助生产车间		蒸汽车间					
		机修车间					
基本生产车间生产费用	水厂车间	白色皮革					
		黑色皮革					
		小　计					
	染色车间	白色皮革					
		黑色皮革					
		小　计					
	装饰车间	白色皮革					
		黑色皮革					
		小　计					

受益单位 ＼ 供应量		蒸汽车间		机修车间		合计／元
		供应量／立方米	金额／元	劳务量／小时	金额／元	
基本生产车间一般消耗	水厂车间					
	染色车间					
	装饰车间					
	小　计					
企业行政管理一般消耗						
合　计						

设方程：

分录：

辅助生产车间发生费用分配表（计划成本分配法）
年　月　日

受益单位 ＼ 供应量		蒸汽车间		机修车间		合计／元
		供应量／立方米	金额／元	劳务量／小时	金额／元	
待分配费用						
计划单位成本（分配率）						
辅助生产车间	蒸汽车间					
	机修车间					
基本生产车间生产费用	水厂车间 白色皮革					
	水厂车间 黑色皮革					
	水厂车间 小　计					
	染色车间 白色皮革					
	染色车间 黑色皮革					
	染色车间 小　计					
	装饰车间 白色皮革					
	装饰车间 黑色皮革					
	装饰车间 小　计					
基本生产车间一般消耗	水厂车间					
	染色车间					
	装饰车间					
	小　计					
企业行政管理一般消耗						
按计划成本分配合计						
辅助生产实际成本						
辅助生产成本超支或节约差异						

分录：

实训操作六 制造费用的归集与分配

1. 实训目的

通过实训熟练掌握制造费用的归集与分配的实际操作能力。

2. 实训程序与要求

（1）归集制造费用。

（2）分配制造费用。

（3）按分配结果编制转账凭证。

（4）根据编制的转账凭证登记"基本生产成本""辅助生产成本""制造费用"明细账。

3. 实训设计

实训形式：本实训由成本核算员一人独立完成。

实训时间：本实训约需 2 学时。

4. 实训资料

根据实训操作一至实训操作五有关资料归集的制造费用明细账所归集的制造费用总额。

5. 实训成果

水厂车间制造费用分配表（生产工 时比例分配法）

项 目	生产工时 / 小时	分配率 /（元 / 小时）	分配额 / 元
白色皮革			
黑色皮革			
合 计			

转 账 凭 证

年 月 日　　　　　　　　转字 号 总字 号

摘要	总账科目	明细科目	借方金额								记账符号	贷方金额								记账符号
			拾	万	仟	佰	拾	元	角	分		拾	万	仟	佰	拾	元	角	分	
附单据 张 合 计																				

会计主管人员：　　　　记账：　　　　稽核：　　　　制表：

染色车间制造费用分配表（生产工时比例分配法）

项　目	生产工时／小时	分配率／（元／小时）	分配额／元
白色皮革			
黑色皮革			
合　计			

转 账 凭 证

年　月　日　　　　　　　　　转字　号　总字　号

摘要	总账科目	明细科目	借方金额								记账符号	贷方金额								记账符号
			拾	万	仟	佰	拾	元	角	分		拾	万	仟	佰	拾	元	角	分	
附单据　张　合　计																				

会计主管人员：　　　　记账：　　　　稽核：　　　　制表：

装饰车间制造费用分配表（生产工时比例分配法）

项　目	生产工时／小时	分配率／（元／小时）	分配额／元
白色皮革			
黑色皮革			
合　计			

转 账 凭 证

年　月　日　　　　　　　　　转字　号　总字　号

摘要	总账科目	明细科目	借方金额								记账符号	贷方金额								记账符号
			拾	万	仟	佰	拾	元	角	分		拾	万	仟	佰	拾	元	角	分	
附单据　张　合　计																				

会计主管人员：　　　　记账：　　　　稽核：　　　　制表：

实训操作七　成本计算的品种法

1. 实训目的

熟练掌握成本核算基本方法——品种法的账务处理。

2. 实训程序与要求

（1）按所生产的产品品种为计算对象归集生产费用。

（2）用约当产量法在月末完工产品与在产品之间分配生产费用。

（3）结转完工产品成本并计算完工产品的单位成本（均保留 0.01）。

（4）编制完工产品入库的会计分录。

3. 实训设计

实训形式：本实训由成本核算员一人独立完成。

实训时间：本实训约需 4 学时。

4. 实训资料

根据实训操作一至实训操作六有关资料归集的直接材料、直接人工、制造费用数据。

5. 实训成果

品种法相关计算如下。

1）白色皮革

（1）直接材料约当产量计算：

三个车间产品总投料＝

水厂车间的投料程度＝

染色车间的投料程度＝

装饰车间的投料程度＝

直接材料约当产量＝

（2）直接人工、制造费用的约当产量计算：

白色皮革耗用工时总额＝

水厂车间的完工程度＝

染色车间的完工程度＝

装饰车间的完工程度＝

直接人工、制造费用约当产量＝

2）黑色皮革

（1）直接材料约当产量计算：

三个车间产品总投料＝

水厂车间的投料程度＝

染色车间的投料程度＝

装饰车间的投料程度＝

直接材料约当产量＝

（2）直接材料、直接人工的约当产量计算：

黑色皮革耗用工时总额＝

水厂车间的完工程度＝

染色车间的完工程度＝

装饰车间的完工程度＝

直接人工、制造费用约当产量＝

3）白色皮革成本计算过程

本月生产费用各项目余额：

直接材料费用＝

直接人工费用＝

制造费用＝

产品成本计算单

产品名称：白色皮革 　　　　　　　　　　　　　　　　　　金额单位：元

2×19年		凭证号数	摘　　要	成 本 项 目			合　计
月	日			直接材料	直接人工	制造费用	
12	1		月初在产品成本				
	31		本月生产费用				
	31		合　计				
			完工产品数量／平方英尺				
			在产品数量／平方英尺				
			约当总产量／平方英尺				
	31		单位成本				
	31		结转完工产品总成本				
	31		期末在产品成本				

4）黑色皮革成本计算过程

本月生产费用各项目余额：

直接材料费用＝

直接人工费用＝

制造费用＝

产品成本计算单

产品名称：黑色皮革 　　　　　　　　　　　　　　　　　　金额单位：元

2×19年		凭证号数	摘　　要	成 本 项 目			合计
月	日			直接材料	直接人工	制造费用	
12	1		月初在产品成本				
	31		本月生产费用				
	31		合　计				
	31		完工产品数量／平方英尺				
			在产品数量／平方英尺				
			约当总产量／平方英尺				
			单位成本				
	31		结转完工产品总成本				
	31		期末在产品成本				

分录：

实训操作八　成本计算的分步法

1. 实训目的

熟练掌握成本核算基本方法——分步法的实际操作能力。

2. 实训程序与要求

（1）按所生产的产品步骤为计算对象归集生产费用。

（2）用约当产量法在月末计算各步骤完工产品与在产品的生产费用。

（3）结转完工产品成本并计算完工产品的单位成本。

（4）根据编制的转账凭证登记相关账户明细账。

（5）白色皮革采用综合结转分步法进行成本核算，并进行成本还原（白色皮革单位分配率保留 0.000 1，成本保留 0.01，黑色皮革期初账户余额均为上一步骤转来的半成品成本）；黑色皮革采用分项结转分步法进行成本核算（单位分配率与成本均保留 0.01）。

（6）各步骤完工半成品全部直接结转到下一步骤继续生产，不经过半成品仓库。

（7）选择白色皮革的资料练习平行结转分步法。

（8）白色皮革按综合结转分步法成本核算结果编制转账凭证并登记相关明细账。黑色皮革按分项结转分步法成本核算结果编制转账凭证并登记相关明细账。

（9）编制科目汇总表，登记总分类账。

3. 实训设计

实训形式：本实训由成本核算员一人独立完成。

实训时间：本实训约需 8 学时。

4. 实训资料

根据实训操作一至实训操作六有关资料归集的以车间按生产步骤开设的"生产成本——基本生产成本"明细账的数据。

5. 实训成果

1）白色皮革成本核算

水厂车间基本生产成本计算单

产品名称：白色皮革半成品　　　　　　　　　　　　　　　　金额单位：元

项　　目	半成品	直接材料	直接人工	制造费用	合　　计
月初在产品成本					
本月生产费用					
合　　计					
完工半成品数量					
月末在产品约当产量					
约当总产量					
单位成本（分配率）					
完工半产品总成本					
月末在产品成本					

染色车间基本生产成本计算单

产品名称：白色皮革半成品   金额单位：元

项　　目	半成品	原材料	直接人工	制造费用	合　计
月初在产品成本					
本月生产费用					
合　计					
完工半成品数量					
月末在产品约当产量					
约当总产量					
单位成本（分配率）					
完工半产品总成本					
月末在产品成本					

装饰车间基本生产成本计算单

产品名称：白色皮革半成品   金额单位：元

项　　目	半成品	原材料	直接人工	制造费用	合　计
月初在产品成本					
本月生产费用					
合　计					
完工产成品数量					
月末在产品约当产量					
约当总产量					
单位成本（分配率）					
完工产品总成本					
月末在产品成本					

转 账 凭 证

年　月　日   转字　号　总字　号

摘要	总账科目	明细科目	借方金额								记账符号	贷方金额								记账符号
			拾	万	仟	佰	拾	元	角	分		拾	万	仟	佰	拾	元	角	分	
附单据　张	合　计																			

会计主管人员：　　　　记账：　　　　稽核：　　　　制表：

转 账 凭 证

年 月 日 　　　　　　 转字 号 总字 号

摘要	总账科目	明细科目	借方金额								记账符号	贷方金额								记账符号
			拾	万	仟	佰	拾	元	角	分		拾	万	仟	佰	拾	元	角	分	
附单据　张 合　计																				

会计主管人员： 　　　　记账： 　　　　稽核： 　　　　制表：

转 账 凭 证

年 月 日 　　　　　　 转字 号 总字 号

摘要	总账科目	明细科目	借方金额								记账符号	贷方金额								记账符号
			拾	万	仟	佰	拾	元	角	分		拾	万	仟	佰	拾	元	角	分	
附单据　张 合　计																				

会计主管人员： 　　　　记账： 　　　　稽核： 　　　　制表：

按成本还原分配率法进行还原，编制"白色皮革产品成本还原计算单"（还原分配率保留 0.000 1，成本保留 0.01）。

白色皮革产品成本还原计算单 　　　　　　　金额单位：元

项　　目	产量/平方英尺	半成品	直接材料	直接人工	制造费用	合计
装饰车间还原前产成品成本						
上步（染色车间）的半成品成本						
第一次还原分配率						
半成品成本还原						
上步（水厂车间）的半成品成本						
第二次还原分配率						
还原的半成品成本						
还原后产成品总成本						
单位成本						

完工产品成本汇总计算单

产品名称：白色皮革　　　　　　　年　月　日　　　　　　完工产品产量：平方英尺

部　门	直接材料	直接人工	制造费用	各车间半成品总成本	各车间半成品的单位成本
水厂车间					
染色车间					
装饰车间					
完工产品成本					
产品单位成本					

2）黑色皮革成本核算

（1）计算第一车间（水厂车间）成本。

水厂车间成本计算单

产品名称：黑色皮革半成品　　　　　年　月　　　　　　金额单位：元

成本项目	月初在产品成本	本月生产成本	合　计	完工产量／平方英尺	在产品约当量／平方英尺	月末在产品成本	完工半成品成本	
							总成本	单位成本
直接材料								
直接人工								
制造费用								
合　计								

（2）计算第二车间（染色车间）成本。

染色车间成本计算单

产品：黑色皮革半成品　　　　　　　年　月　　　　　　　金额单位：元

项　　目		期初在产品成本	本期发生费用	合　计	完工产量／平方英尺	在产品约当量／平方英尺	期末在产品成本	完工半成品成本	
								总成本	单位成本
直接材料	转入半成品成本								
	本生产步骤成本								
	合　计								
直接人工	转入半成品成本								
	本生产步骤成本								
	合　计								
制造费用	转入半成品成本								
	本生产步骤成本								
	合　计								
项目	转入半成品成本								
	本生产步骤成本								
	合　计								

装饰车间成本计算单

产品：黑色皮革半成品　　　　　　　　年　月　　　　　　　　金额单位：元

项　　目		期初在产品成本	本期发生费用	合　计	完工产量/平方英尺	在产品约当量/平方英尺	期末在产品成本	完工半成品成本	
								总成本	单位成本
直接材料	转入半成品成本								
	本生产步骤成本								
	合　计								
直接人工	转入半成品成本								
	本生产步骤成本								
	合　计								
制造费用	转入半成品成本								
	本生产步骤成本								
	合　计								
项目	转入半成品成本								
	本生产步骤成本								
	合　计								

转 账 凭 证

年　月　日　　　　　　　　转字　号　总字　号

摘要	总账科目	明细科目	借方金额								记账符号	贷方金额								记账符号
			拾	万	仟	佰	拾	元	角	分		拾	万	仟	佰	拾	元	角	分	
附单据　张 合　计																				

会计主管人员：　　　　　记账：　　　　　稽核：　　　　　制表：

转 账 凭 证

年　月　日　　　　　　　　转字　号　总字　号

摘要	总账科目	明细科目	借方金额								记账符号	贷方金额								记账符号
			拾	万	仟	佰	拾	元	角	分		拾	万	仟	佰	拾	元	角	分	
附单据　张 合　计																				

会计主管人员：　　　　　记账：　　　　　稽核：　　　　　制表：

转 账 凭 证

年　月　日　　　　　　　　　转字　号　总字　号

摘要	总账科目	明细科目	借方金额									记账符号	贷方金额									记账符号
			拾	万	仟	佰	拾	元	角	分			拾	万	仟	佰	拾	元	角	分	
附单据　张　合　计																					

会计主管人员：　　　　记账：　　　　稽核：　　　　制表：

科目汇总表

年　月　门至　日　　　　　　记账凭证：字第　号全第　号止

会计科目	借 方 金 额										贷 方 金 额									
	仟	佰	拾	万	仟	佰	拾	元	角	分	仟	佰	拾	万	仟	佰	拾	元	角	分

总分类账 1

总分类账户名称：

本账页数	
本户页数	

年		凭证字号	摘要	页数	借方									贷方									借或贷	金额								
月	日				佰	拾	万	仟	佰	拾	元	角	分	佰	拾	万	仟	佰	拾	元	角	分		拾	万	仟	佰	拾	元	角	分

总分类账 2

总分类账户名称：

本账页数	
本户页数	

年		凭证字号	摘要	页数	借方									贷方									借或贷	金额								
月	日				佰	拾	万	仟	佰	拾	元	角	分	佰	拾	万	仟	佰	拾	元	角	分		拾	万	仟	佰	拾	元	角	分

总分类账户名称：

总 分 类 账 3

| 年 | | 凭证字号 | 摘要 | 页数 | 借方 | | | | | | | | | | 贷方 | | | | | | | | | | 借或贷 | 金额 | | | | | | | | | 本账页数 | |
| 月 | 日 | | | | 佰 | 拾 | 万 | 仟 | 佰 | 拾 | 元 | 角 | 分 | 佰 | 拾 | 万 | 仟 | 佰 | 拾 | 元 | 角 | 分 | | | 拾 | 万 | 仟 | 佰 | 拾 | 元 | 角 | 分 | 本户页数 | |

总分类账户名称：

总 分 类 账 4

| 年 | | 凭证字号 | 摘要 | 页数 | 借方 | | | | | | | | | | 贷方 | | | | | | | | | | 借或贷 | 金额 | | | | | | | | | 本账页数 | |
| 月 | 日 | | | | 佰 | 拾 | 万 | 仟 | 佰 | 拾 | 元 | 角 | 分 | 佰 | 拾 | 万 | 仟 | 佰 | 拾 | 元 | 角 | 分 | | | 拾 | 万 | 仟 | 佰 | 拾 | 元 | 角 | 分 | 本户页数 | |

总分类账户名称：

总 分 类 账 5

本账页数	
本户页数	

年		凭证字号	摘要	借方								贷方								借或贷	金额								页数
月	日			佰	拾	万	仟	佰	拾	元	角	分	佰	拾	万	仟	佰	拾	元	角	分		拾	万	仟	佰	拾	元	角	分

总分类账户名称：

总 分 类 账 6

本账页数	
本户页数	

年		凭证字号	摘要	借方								贷方								借或贷	金额								页数
月	日			佰	拾	万	仟	佰	拾	元	角	分	佰	拾	万	仟	佰	拾	元	角	分		拾	万	仟	佰	拾	元	角	分

总分类账户名称：

总 分 类 账 7

年		凭证	摘	页	借　方									贷　方									借或贷	金　额									本账页数	
月	日	字号	要	数	佰	拾	万	仟	佰	拾	元	角	分	佰	拾	万	仟	佰	拾	元	角	分		拾	万	仟	佰	拾	元	角	分		本户页数	

总分类账户名称：

总 分 类 账 8

年		凭证	摘	页	借　方									贷　方									借或贷	金　额									本账页数	
月	日	字号	要	数	佰	拾	万	仟	佰	拾	元	角	分	佰	拾	万	仟	佰	拾	元	角	分		拾	万	仟	佰	拾	元	角	分		本户页数	

总 分 类 账　9

总分类账户名称：

年		凭证字号	摘要	页数	借方									贷方									借或贷	金额									本账页数	
月	日				佰	拾	万	仟	佰	拾	元	角	分	佰	拾	万	仟	佰	拾	元	角	分		拾	万	仟	佰	拾	元	角	分	本户页数	

总 分 类 账　10

总分类账户名称：

年		凭证字号	摘要	页数	借方									贷方									借或贷	金额									本账页数	
月	日				佰	拾	万	仟	佰	拾	元	角	分	佰	拾	万	仟	佰	拾	元	角	分		拾	万	仟	佰	拾	元	角	分	本户页数	

总 分 类 账　11

总分类账户名称：

年		凭证字号	摘要	页数	借方									贷方									借或贷	金额									本账页数	
月	日				佰	拾	万	仟	佰	拾	元	角	分	佰	拾	万	仟	佰	拾	元	角	分		拾	万	仟	佰	拾	元	角	分	本户页数	

3）运用白色皮革成本归集的原始资料练习平行结转分步法（单位保留 0.01）

第一步骤（水厂车间）成本计算过程如下。

（1）直接材料成本：

第一步骤月末广义在产品数量＝

材料费用分配率＝

应计入产成品的直接材料费用份额＝

月末广义在产品直接材料费用＝

（2）直接人工成本：

第一步骤月末广义在产品约当产量＝

直接人工费用分配率＝

应计入产成品的直接人工费用份额＝

月末广义在产品直接人工费用＝

（3）制造费用成本：

制造费用分配率＝

应计入产成品的制造费用份额＝

月末广义在产品制造费用＝

（4）应计入产成品的成本份额：

应计入产成品的成本份额合计＝

水厂车间基本生产成本明细账

产品名称：白色皮革半成品 金额单位：元

项 目	直接材料	直接人工	制造费用	合 计
月初在产品成本				
本月生产费用				
合 计				
完工产成品数量				
月末在产品约当产量				
约当总产量				
单位成本（分配率）				
应计入产成品的份额				
月末在产品成本				

第二步骤成本计算过程如下。

（1）直接材料成本：

第一步骤月末广义在产品数量＝

材料费用分配率＝

应计入产成品的直接材料费用份额＝

月末广义在产品直接材料费用＝

（2）直接人工成本：

第二步骤月末广义在产品约当产量＝

直接人工费用分配率＝

应计入产成品的直接人工费用份额＝

月末广义在产品直接人工费用＝

（3）制造费用成本：

制造费用分配率＝

应计入产成品的制造费用份额＝

月末广义在产品制造费用＝

（4）应计入产成品的成本份额：

应计入产成品的成本份额合计＝

染色车间基本生产成本明细账

产品名称：白色皮革　　　　　　　　　　　　　　　　金额单位：元

项　目	原材料	直接人工	制造费用	合　计
月初在产品成本				
本月生产费用				
合　计				
完工产成品数量				
月末在产品约当产量				
约当总产量				
单位成本（分配率）				
应计入产成品的成本份额				
月末在产品成本				

装饰车间基本生产成本明细账

产品名称：白色皮革　　　　　　　　　　　　　　　　金额单位：元

项　目	原材料	直接人工	制造费用	合　计
月初在产品成本				
本月生产费用				
合　计				
完工产成品数量				
月末在产品约当产量				
约当总产量				
单位成本（分配率）				
完工产品总成本				
月末在产品成本				

完工产品成本汇总计算表（平行结转法）

产品名称：白色皮革　　　　年　月　日　　完工产品产量：　平方英尺

部　门	直接材料	直接人工	制造费用	产品总成本	产品单位成本
水厂车间					
染色车间					
装饰车间					
合　计					

分批法核算业务

实训操作九　成本计算的分批法

1. 实训目的

熟练掌握分批法的核算程序和方法。

2. 实训企业概况

红星染料厂系化学染料生产厂，星辰皮革制品有限公司是其固定客户，2×19年根据购买单位的订单小批生产白色染料膏、黑色染料膏、红色染料膏三种产品，采用分批法计算产品成本。

3. 实训程序与要求

（1）按产品批次设置"基本生产成本"明细账，登记7月和9月发生的生产费用。

（2）按基本生产车间设置"制造费用"明细账。

（3）按产品批次分配9月材料费用，编制间接材料费用分配表，编制转账凭证，登记有关账户。

（4）按生产工时比例分配9月人工费用，编制间接人工费用分配表，编制转账凭证，登记有关账户。

（5）核算9月其他费用，编制转账凭证，登记有关账户。

（6）归集基本生产车间的制造费用，按生产工时比例分配制造费用，编制间接制造费用分配表，编制转账凭证，登记有关账户。

（7）编制各批产品的基本生产成本明细账。

（8）编制9月完工产品入库的转账凭证。

4. 实训设计

实训形式：本实训由成本管理员一人独立完成。

实训时间：本实训约需2学时。

5. 实训资料

红星染料厂9月生产三批染料，生产费用发生情况如下。

（1）三批产品共同耗用材料费用：化学原料62 370元，其中701批次白色染料膏共耗用120千克；702批次黑色染料膏共耗用210千克；901批次红色染料膏共耗用40千克。基本生产车间一般耗用化学原料918元。

（2）本月基本生产车间工人薪酬22 788元，车间管理人员薪酬11 772元。

（3）基本生产车间提取设备折旧费用6 500元。

（4）9月30日以存款支付本月基本生产车间水、电费5 650元。

（5）901批次红色染料膏，本月完工2 600千克，尚有在产品800千克，在产品完工程度50%，原材料在生产开始一次投入，生产费用采用约当产量法在完工产品与在产品之间分配。

（6）本月耗用生产工时2 160小时，其中701批次白色染料膏560小时；702批次黑色染料膏680小时；901批次红色染料膏920小时。

三批产品投入产出情况见产品批次明细表，7—8月生产费用发生情况见生产成本表。

产品批次明细表

2×19年9月30日

批别	产品名称	批量／千克	投产日期	完工日期
701	白色染料膏	1 500	7月12日	9月全部完工
702	黑色染料膏	2 350	7月5日	9月未完工
901	红色染料膏	3 400	9月2日	9月完工2 600千克

生产成本表

2×19年9月30日　　　　　　　　　　　　　金额单位：元

批别	摘　要	直接材料	直接人工	制造费用	合　计
701	7月发生的费用	5 680	960	1 010	7 650
702	7月发生的费用	2 950	780	610	4 340
701	8月发生的费用	4 800	865	939	6 604
702	8月发生的费用	1 050	660	496	2 206

6. 实训成果

原材料费用分配表

年　月　日　　　　　　　　　　　　　金额单位：元

应借账户	分配对象	分配标准	分配率	分配金额
生产成本—— 基本生产成本	701批次产品			
	702批次产品			
	901批次产品			
	合　计			
制造费用	基本生产车间			
合　计				

人工费用分配表

年　月　日　　　　　　　　　　　　　金额单位：元

应借账户	分配对象	分配标准	分配率	分配金额
生产成本—— 基本生产成本	701批次产品			
	702批次产品			
	901批次产品			
	合　计			
制造费用	基本生产车间			
合　计				

制造费用分配表

年 月 日 金额单位：元

应借账户	分配对象	分配标准	分配率	分配金额
生产成本——基本生产成本	701 批次产品			
	702 批次产品			
	901 批次产品			
合　计				

901 批次月末完工产品计算单

年 月 日 金额单位：元

项　　目	原材料	直接人工	制造费用	合　计
本月生产费用				
完工产成品数量				
月末在产品约当产量				
约当总产量				
单位成本（分配率）				
完工产品总成本				
月末在产品成本				

完工产品成本汇总计算单

年 月 日 金额单位：元

产品名称	产量	原材料	直接人工	制造费用	产品总成本	产品单位成本
701 批次产品						
901 批次产品						

转 账 凭 证

年 月 日 转字 号 总字 号

摘要	总账科目	明细科目	借方金额								记账符号	贷方金额								记账符号
			拾	万	仟	佰	拾	元	角	分		拾	万	仟	佰	拾	元	角	分	
附单据　张 合　计																				

会计主管人员： 记账： 稽核： 制表：

转 账 凭 证

年 月 日　　　　　　　　　　转字 号 总字 号

摘要	总账科目	明细科目	借方金额								记账符号	贷方金额								记账符号
			拾	万	仟	佰	拾	元	角	分		拾	万	仟	佰	拾	元	角	分	
附单据　张 合 计																				

会计主管人员：　　　　　记账：　　　　稽核：　　　　制表：

转 账 凭 证

年 月 日　　　　　　　　　　转字 号 总字 号

摘要	总账科目	明细科目	借方金额								记账符号	贷方金额								记账符号
			拾	万	仟	佰	拾	元	角	分		拾	万	仟	佰	拾	元	角	分	
附单据　张 合 计																				

会计主管人员：　　　　　记账：　　　　稽核：　　　　制表：

付 款 凭 证

贷方科目：　　　　　　年 月 日　　　　　　　　付字 号 总字 号

摘　要	借方科目		金　额											记账符号
	总账科目	明细科目	亿	仟	佰	拾	万	仟	佰	拾	元	角	分	
附单据　张	合　计													

会计主管：　　　　　记账：　　　　稽核：　　　　制单：

转 账 凭 证

年 月 日　　　　　转字 号 总字 号

摘要	总账科目	明细科目	借方金额								记账符号	贷方金额								记账符号
			拾	万	仟	佰	拾	元	角	分		拾	万	仟	佰	拾	元	角	分	
附单据　张	合 计																			

会计主管人员：　　　　记账：　　　　稽核：　　　　制表：

转 账 凭 证

年 月 日　　　　　转字 号 总字 号

摘要	总账科目	明细科目	借方金额								记账符号	贷方金额								记账符号
			拾	万	仟	佰	拾	元	角	分		拾	万	仟	佰	拾	元	角	分	
附单据　张	合 计																			

会计主管人员：　　　　记账：　　　　稽核：　　　　制表：

制造费用明细账

车间：　　　　　年 月 日　　　　　金额单位：元

年		凭证号码	摘　要	明 细 项 目					合　计
月	日			材料费用	人工费用	折旧费用	财产保险费用	其他	

生产成本明细账

批次：   投产日期　年　月

批量：

名称：   金额单位：元

年		凭证号码	摘　要	成 本 项 目			合　计
月	日			直接材料	直接人工	制造费用	

生产成本明细账

批次：   投产日期　年　月

批量：

名称：   金额单位：元

年		凭证号码	摘　要	成 本 项 目			合　计
月	日			直接材料	直接人工	制造费用	

生产成本明细账

批次：   投产日期   年   月

批量：

名称：   金额单位：元

| 年 | | 凭证号码 | 摘　要 | 成　本　项　目 | | | 合　计 |
月	日			直接材料	直接人工	制造费用	

科目汇总表

年　月　日至　日　　记账凭证：字第　号至第　号止

| 会计科目 | 借方金额 | | | | | | | | | 贷方金额 | | | | | | | | |
	仟	佰	拾	万	仟	佰	拾	元	角	分	仟	佰	拾	万	仟	佰	拾	元	角	分

分类法核算业务

实训操作十　成本计算的分类法

1. 实训目的

熟练掌握成本计算的分类法。

2. 实训企业概况

振海旅行箱厂是大量大批单步骤生产皮具的企业，有第一和第二两个基本生产车间，主要生产各式皮制旅行箱和 PC 旅行箱。根据产品结构特点和所耗用的原材料、工艺技术过程的不同，可以将企业产品分为皮制旅行箱和 PC 旅行箱两大类。皮制旅行箱包括 101、102、103 共三种不同规格产品，在第一车间进行生产；PC 旅行箱包括 201、202、203 共三种不同规格的产品，在第二车间进行生产。

3. 实训程序与要求

（1）按品种法计算皮制旅行箱和 PC 旅行箱成本，完成皮制旅行箱和 PC 旅行箱明细表的编制。

（2）计算各种产品系数和本月总系数，完成系数表的编制。

（3）采用系数分配法计算类内各种产品成本，完成类内各种产品成本计算表的编制。

（4）编制本月完工产品入库的转账凭证。

（5）根据编制的转账凭证登记有关明细账。

4. 实训设计

实训形式：本实训由成本管理员一人独立完成。

实训时间：本实训约需 2 学时。

5. 实训资料

振海旅行箱厂根据产品生产特点和成本管理要求，按类别设置了皮制旅行箱和 PC 旅行箱两个成本明细账，采用分类法进行成本核算。

（1）生产情况见 9 月初生产费用表和 9 月发生的相关经济业务。

① 9 月 30 日，根据当月领料凭证，编制本月发出材料汇总表。

② 编制工资汇总表。

③ 9 月 30 日，公司按财务制度规定，根据上年福利费使用情况，按工资总额的14％计提职工福利费。

④ 根据"固定资产折旧计算表"，9 月第一车间固定资产折旧 22 257 元；第二车

间固定资产折旧 56 680 元；公司管理部门固定资产折旧 4 000 元。

⑤ 9 月 25 日，以银行存款支付第二车间房屋保险费 3 460 元，以银行存款支付水电费，其中第一车间应负担 5 800 元；第二车间应负担 13 300 元；管理部门应负担 2 000 元。

⑥ 月末产品全部完工。

⑦ 编制该企业 9 月产量及定额资料表。

9 月初生产费用表

金额单位：元

类　别	产量/件	直接材料	直接人工	制造费用	合　计
皮制	1 000	57 880	14 400	5 063	77 343
PC	1 200	38 800	5 130	7 500	51 430
合　计		96 680	19 530	12 563	128 773

发出材料汇总表

2×19 年 9 月 30 日

金额单位：元

领料部门和用途		皮料		五金件		PC 材料		合　计
		数量/千克	金额	数量/千克	金额	数量/千克	金额	
基本生产车间	皮制旅行箱	10 000	235 000	5 000	55 000			290 000
	PC 旅行箱			7 000	63 000	8 000	160 000	223 000
	合　计	10 000	235 000	12 000	118 000	8 000	160 000	513 000
管理部门耗用				100	1 000			1 000
销售部门		50	1 500					1 500
合　计		10 050	236 500	12 100	119 000	8 000	160 000	515 500

工资汇总表

2×19 年 9 月 30 日

金额单位：元

用　　途	金　额
基本生产车间生产工人工资	
其中：生产皮制旅行箱工人工资	120 000
生产 PC 旅行箱工人工资	150 000
第一车间管理人员工资	12 000
第二车间管理人员工资	14 000
行政管理人员工资	28 800
销售机构人员工资	24 500
合　计	349 300

9 月完工产品产量及定额资料

产品名称		产量	原材料费用定额/元	单位产品定额工时/小时
皮制旅行箱	101	2 600	60	5
	102	4 000	50	4
	103	2 000	45	3.5
PC 旅行箱	201	7 000	24	2.5
	202	10 000	20	2
	203	6 000	18	1.5

6. 实训成果

转 账 凭 证

年　月　日　　　　　　　转字　号　总字　号

摘要	总账科目	明细科目	借方金额								记账符号	贷方金额								记账符号
			拾	万	仟	佰	拾	元	角	分		拾	万	仟	佰	拾	元	角	分	
附单据　张	合　计																			

会计主管人员：　　　　　记账：　　　　　稽核：　　　　　制表：

转 账 凭 证

年　月　日　　　　　　　转字　号　总字　号

摘要	总账科目	明细科目	借方金额								记账符号	贷方金额								记账符号
			拾	万	仟	佰	拾	元	角	分		拾	万	仟	佰	拾	元	角	分	
附单据　张	合　计																			

会计主管人员：　　　　　记账：　　　　　稽核：　　　　　制表：

转 账 凭 证

年　月　日　　　　　　　转字　号　总字　号

摘要	总账科目	明细科目	借方金额								记账符号	贷方金额								记账符号
			拾	万	仟	佰	拾	元	角	分		拾	万	仟	佰	拾	元	角	分	
附单据　张	合　计																			

会计主管人员：　　　　　记账：　　　　　稽核：　　　　　制表：

转 账 凭 证

年 月 日 转字 号 总字 号

摘要	总账科目	明细科目	借方金额								记账符号	贷方金额								记账符号
			拾	万	仟	佰	拾	元	角	分		拾	万	仟	佰	拾	元	角	分	
附单据 张 合 计																				

会计主管人员: 记账: 稽核: 制表:

付 款 凭 证

贷方科目: 年 月 日 付字 号 总字 号

摘要	借方科目		金 额											记账符号
	总账科目	明细科目	亿	仟	佰	拾	万	仟	佰	拾	元	角	分	
附单据 张	合 计													

会计主管人员: 记账: 稽核: 制单:

转 账 凭 证

年 月 日 转字 号 总字 号

摘要	总账科目	明细科目	借方金额								记账符号	贷方金额								记账符号
			拾	万	仟	佰	拾	元	角	分		拾	万	仟	佰	拾	元	角	分	
附单据 张 合 计																				

会计主管人员: 记账: 稽核: 制表:

产品系数计算表

产品名称：皮制旅行箱   年 月

产品名称	产品产量	材料			工 时	
		费用定额	系 数	总系数	定额工时	总工时
101						
102						
103						
合计	—	—	—	—		

产品系数计算表

产品名称：PC 旅行箱   年 月

产品名称	产品产量	材料			工 时	
		费用定额	系 数	总系数	定额工时	总工时
201						
202						
203						
合计	—	—	—	—		

产品成本计算表

产品名称：皮制旅行箱   年 月   金额单位：元（保留 0.01）

产品名称	产品产量	材料总系数	直接材料分配金额	工时总系数	直接人工分配金额	制造费用分配金额	产成品总成本	单位成本
分配率	—		—		—			
101								
102								
103								
合计	—							—

注：分配人工与制造费用时，差额计入 101 号产品。

产品成本计算表

产品名称：PC 旅行箱   年 月   金额单位：元

产品名称	产品产量	材料总系数	直接材料分配金额	工时总系数	直接人工分配金额	制造费用分配金额	产成品总成本	单位成本
分配率	—		—		—			
201								
202								
203								
合计	—							—

转账凭证

年 月 日   转字 号 总字 号

摘要	总账科目	明细科目	借方金额								记账符号	贷方金额								记账符号
			拾	万	仟	佰	拾	元	角	分		拾	万	仟	佰	拾	元	角	分	
附单据　张 合 计																				

会计主管人员：　　　记账：　　　稽核：　　　制表：

制造费用明细账

车间：　　　　　　　　　　　　　　　　　　　　金额单位：元

年		凭证号码	摘要	借或贷	明细项目						合计
月	日				工资	福利费	水电费	保险费	折旧费	其他	

制造费用明细账

车间：　　　　　　　　　　　　　　　　　　　　　　　　　　　　　金额单位：元

年		凭证号码	摘要	借或贷	明细项目						合计
月	日				工资	福利费	水电费	保险费	折旧费	其他	

生产成本明细账

账户：

产品：　　　　　　　　　　　　　　　　　　　　　　　　　　　　　金额单位：元

年		凭证号码	摘　要	成本项目			合　计
月	日			直接材料	直接人工	制造费用	

生产成本明细账

账户：
产品：　　　　　　　　　　　　　　　　　　　　　　　金额单位：元

年		凭证号码	摘　要	成本项目			合　计
月	日			直接材料	直接人工	制造费用	

科目汇总表

年　月　日至　日　　　记账凭证：字第　号至第　号止

会计科目	借方金额										贷方金额									
	仟	佰	拾	万	仟	佰	拾	元	角	分	仟	佰	拾	万	仟	佰	拾	元	角	分

参考文献

[1] 财政部. 企业产品成本核算制度. 2014.

[2] 财政部. 企业产品成本核算制度——煤炭行业. 2016.

[3] 财政部. 企业产品成本核算制度——钢铁行业. 2015.

[4] 财政部. 企业产品成本核算制度——石油石化行业. 2014.

[5] 财政部. 企业产品成本核算制度——电网经营行业. 2014.

[6] 姜小芸. 成本核算与管理实训 [M]. 北京：高等教育出版社，2019.

[7] 柯于珍. 成本核算习题与实训 [M]. 北京：高等教育出版社，2018.

参考文献

[1] ……
[2] ……
[3] ……
[4] ……
[5] ……
[6] ……
[7] ……